青春期的二次成长

给青少年恰如其分的爱和支持

章扬清　郑毓晨　陈淑芳　李泽华◎著

人民邮电出版社

北　京

图书在版编目（CIP）数据

青春期的二次成长：给青少年恰如其分的爱和支持 / 章扬清等著 . -- 北京 ：人民邮电出版社，2025.
ISBN 978-7-115-65478-6

Ⅰ．G444

中国国家版本馆 CIP 数据核字第 2024Y2550D 号

内 容 提 要

　　一个孩子长大成人、步入社会后，他过得幸福与否与他的"心理基本盘"是否足够强大有关。强大的"心理基本盘"涉及独立、稳定的自我，这样的人既有主见，也能适应环境；他们有爱自己和爱他人的能力，而非自我封闭；他们敢于追求成功，经营属于自己的事业。如此种种，几乎都与一个孩子能否顺利度过青春期有关，因为青春期是一个探索与发展的关键期，在这个时期，孩子要克服各种挑战，也要学习各种技能以应对更复杂的情境。父母之爱子，则为之计深远，倘若父母能在青春期给孩子提供恰如其分的爱和支持，那么这将是孩子未来扬帆起航最有力的保障。

　　本书旨在帮助父母陪伴孩子度过至关重要的人生阶段——青春期。全书包含五个部分：第一部分介绍了青少年成长的四个挑战，帮助父母读懂青少年的心；第二部分介绍了青少年的大脑，帮助父母从生理角度了解青少年的发育特点；第三部分给父母提供了科学的教育指导，帮助父母探索如何在放手让孩子走向独立与利用父母的力量影响孩子之间取得平衡；第四部分从整个家庭系统的角度探讨了孩子的问题与成长；第五部分讲解了特殊问题的预防与解决，包括厌学、进食障碍、抑郁和焦虑、社交恐惧、游戏成瘾等。

　　本书适合想通过自己的爱帮助青少年更健康、独立、自信、快乐的父母阅读，也可以为教师、心理学工作者及心理学爱好者提供帮助。

◆ 　　著　 章扬清　郑毓晨　陈淑芳　李泽华
　　责任编辑　 黄文娇
　　责任印制　 彭志环

◆ 人民邮电出版社出版发行　　　　北京市丰台区成寿寺路 11 号
　　邮编 100164　 电子邮件 315@ptpress.com.cn
　　网址 https://www.ptpress.com.cn
　　三河市中晟雅豪印务有限公司印刷

◆ 开本：880×1230　1/32
　　印张：10　　　　　　　　　　　　2025 年 2 月第 1 版
　　字数：204 千字　　　　　　　　　2025 年 4 月河北第 3 次印刷

定　价：59.80 元

读者服务热线： （010） 81055656　 印装质量热线： （010） 81055316
反盗版热线： （010） 81055315

专家推荐

青春期是人生中一个充满变化、矛盾、困惑和不稳定性的关键发展阶段，它既充满挑战也蕴含着丰富的成长机会。对于父母来说，如何在这一时期为青少年提供恰当的爱和支持，同时设定清晰的边界，是一个需要深思的问题。本书从多个维度深入探讨了这一主题，旨在为父母提供指导和帮助。

本书的四位作者都是心理健康领域的专家，他们均受过系统的专业训练，并且在不同的工作场景中有着丰富且多样的工作经验。他们既有精神科医生、大学心理咨询师也有私人执业的心理咨询师。这些作者凭借一线的工作经验和多元化的专业背景，为本书带来了丰富而翔实的内容。书中不仅包含了理论分析，还提供了实际操作的建议，涵盖了一系列新颖且富有启发性的观点。

总而言之，本书专为父母量身打造，旨在帮助他们在孩子的青春期这一充满挑战的时期，成为既懂支持又有边界的父母。书中的见解和实用建议，无疑值得关心青少年成长的父母细细品读和深思。通过阅读本书，父母可以更好地理解青春期的特点，学习如何以更有效的方式支持和引导青少年，帮助他们顺利度过这一充满变化的时期。

侯志瑾

北京师范大学心理学部教授、博士生导师

中国心理学会临床心理学注册工作委员会首批注册督导师

如何成为智慧型父母？如何进行有效沟通和情绪管理？如何保持良好的觉察和反思？如何与青春期的孩子逐渐分离，在放手的同时给予他们触手可及的支持？

《青春期的二次成长》这本书融入了多名心理治疗师及精神科医生的临床经验，结合大脑发育的神经生物学基础，从个人成长、家庭系统和环境影响等多个视角展示了青少年的心理变化，帮助家长理解孩子的成长困惑，同时也为家长出谋划策，助力培养和谐温馨的亲子关系及家庭氛围。

另外，我们还能够在此书中找到对多个热点话题的提及或深入剖析，包括：躺平、叛逆对抗、Z 世代、身份认同、霸凌、内在动机、恋爱话题、二次元、追星、牛娃和普娃、电子产品、厌学拒学、游戏成瘾、情绪管理、家庭复原力等。

愿每位家长读后都能够摆脱无助感，缓解压力，蓄积正能量。

钱秋谨

北京大学精神卫生研究所教授、博士生导师

北京大学第六医院儿童精神病学研究室主任

中国学生营养与健康促进会心理健康分会主任委员

青春期是一个迷人的，但也"危险"的阶段。青春期不只是一个时间上的区间，也是心理上的一簇组织。青春期包含着对婴儿期和儿童期重要的修复潜力，然而如果这种潜力被忽视或误解的话，将会成为成人在情绪、自尊及亲密关系方面的"病根"。青春期和儿童期不一样，它的文化载荷更重。由于文化和家庭环境的不同，很多西方社会典型的青春期现象在我们这里并不常见，所以由常年深耕于国内青少年心理健康领域的四位资深的心理工作者合著的这本书就非常有意义，我乐于向各位同道推荐。

张沛超

哲学博士

心理咨询师、督导师

发展心理学和精神分析学界一致认为，青春期的主题是分离，即孩子能在心理层面独立，成为有自我、有边界、有力量的"成年人预备军"中的一员，父母能够学会放手，给孩子恰如其分的爱和支持，不焦虑、不内耗，既不放任不管，也不过分干涉。

上述过程包括孩子和父母以及亲子关系的一系列转变，当此过程能够顺利度过，孩子将带着满满的心理能量投入有意义的生活中；父母也能够适度地将精力抽回，开启人生精彩的下半场；反之，孩子和父母都可能留下不同程度的遗憾。

有些人觉得，所谓父母子女一场，不过是今生看着他们的背影渐行渐远。这样概括亲子关系，很令人伤感。而当我受训成为一名心理咨询师，持续和不同年龄阶段的人群工作后，我却有了不同的感受。

尽管父母和孩子在物理距离上可能会变远，但终其一生他们都在进行复杂的互动。亲子关系在孩子心中留下的烙印，将影响他们的一生，甚至波及下一代，形成我们所说的代际传承。

当完成这本书时，我意识到，很多人对前面亲子关系的概括有如此强烈的共鸣，是因为这一表述戳中了很多人在整个青春期亲子关系转变时的矛盾和伤感，也许也触及了很多人长大过程中在关系里经历的创伤。

父母的角色不仅是养育子女，还包括自身的适应和成长。如果父母不能随着孩子的变化而调整自己，青少年将难以顺利步入成年。许多在咨询室遇到的成年问题，往往与青春期的成长缺失相关。例如，

青春期缺乏支持和探索空间的人，成年后容易自卑和迷茫；

青春期被要求高度"融合"的人，成年后难以活出自我和发展自己的事业；

青春期缺少社交引导或遭遇过霸凌的人，成年后同样会面临关系困境……

以上种种可归纳为青春期的四个挑战，这将在本书的第一部分详细探讨。

没有父母会故意给孩子的成长使绊子，很多人只是不知道该怎么做或缺少方向。我们理解父母帮助孩子应对成长挑战的难度。同时，家庭也在不断发展，需要支持和引导。十年前，大家甚至没有意识到青春期会引起如此多的扰动。而现在，咨询室中出现了越来越多的青少年。

在对青少年的工作中，我们的目标一直是帮助每个孩子回到健康、有序的发展过程中，同时尝试恢复积极、有弹性的亲子关系。青春期是一个关键的成长阶段，父母的理解和支持至关重要。之所以称青春期是人生第二个关键成长期，是因为在这个时期除了本身的发展任务，早年个体和家庭潜伏的发展问题都得以呈现，因此青春期是一个回顾、调整和修复的好时机。

编辑黄文娇邀请我们四位作者共同编写这本书，正是希望通过科学知识和实用建议，为广大父母提供一个全面的指南，帮助他们在孩子的"二次成长"过程中找到方向，少走弯路，给予孩子最好的陪伴与支持。为了在有限的篇幅中给父母提供更有价值的内容，我们对本书的内容架构进行了充分的讨论和打磨，最终梳理出五个部分。

本书第一部分（章扬清）阐述了青春期的发展规律，青少年和父母要面对的发展任务和挑战。青春期的跨度很长，10岁和20岁的孩子是完全不同的，这个部分也帮助家长评估青少年的不同发展阶段是否在正轨上。

第二部分（章扬清）则阐述了随着神经科学的发展，对大脑的研究给父母和青少年的相处提示了怎样的信息。

第三部分（陈淑芳）则为面对亲子关系转变的父母提供了更具体的建议和支持。

第四部分（李泽华，章扬清）则从家庭系统的角度看青少年的发展和成长，为家庭找回复原力提供了支持。

第五部分（郑毓晨）则为孩子出现一些典型问题的家长或希望预防孩子出现问题的家长答疑解惑。

四位作者中有心理咨询师、精神科医生、家庭治疗师，虽然具体的工作方式略有不同，但我们都受训于中美精神分析联盟（CAPA）。精神分析尊重个体的发展，相关工作者了解早期照料者和孩子的互动，探索个体的发展轨迹，并以此来认识人格如何形成的传统由来已久。我们见证了很多个体和家庭的故事，为了保护来访者的隐私，所有的案例都使用化名并经过整理改编。我们也非常感谢和我们工作过的每一位来访者，让我们不断观察和反思，到底什么是成长，成长需要的又是什么。

在成长和转变中，有失去，也有新的获得。孩子的背影偶尔让我们感到失落，孩子的成长更让我们感到欣喜，随着孩子的长大和独立，属于成年人的更成熟、自主和丰盛的生活画卷，也将在我们面前缓缓展开。希望这本书能在这个过程中陪伴您。

章扬清

目 录

第一部分

读懂青少年的心

作者：章扬清

青春期的持续时间可能比我们传统印象中的更长，也更关键。青少年面临着相应的发展性挑战。青春期最核心的发展任务是从依赖父母向独立自主及承担人生责任过渡。父母在此阶段最重要的任务就是，帮助孩子实现身体和心理上的独立。父母需要深刻意识到孩子是区别和独立于我们的个体，能够允许孩子拥有独立意识和自主意志，选择与我们的期待所不同的人生，耐受孩子未来发展的不确定性，真正接受孩子与我们的分离，并由衷地为此感到欣喜，这是孩子健康向前发展的前提。拥有这样的心态，父母才能够坚定地支持孩子，帮助孩子发展出独立自主所需要的能力。

第一章

青少年成长的四个挑战

当我们在说"青少年"这三个字时，你的脑海中会浮现出哪些词语和画面？当我们想探索和了解青少年时，我们到底在描述的是什么样的群体，该群体又有什么样的特征？

几个简单的词语恐怕很难概括这个越来越被父母、社会和学者们重视的人生阶段——青春期。在这个时期，个体会在生理、情感和人际关系层面经历巨大的变化，可能在依赖他人和独立自主间踟蹰，从依赖逐步过渡、发展到独立。此时，个体充满迷茫、焦虑、希望、理想，以及冒险、试验或无聊空虚。

很长一段时间以来，我们把 13 ~ 19 岁的孩子称为青少年。但是神经科学认为大脑有关青春期的变化在 13 岁之前就开始了，并在 19 岁后还在继续，甚至会持续到 25 岁或 30 岁左右。脑科学家弗朗西斯·詹森（Frances Jensen）和艾米·艾利斯·纳特（Amy Ellis Nutt）在《青春期的烦"脑"》（*The Teenage Brain*）一书中提到，在大脑完全发育成熟之前，青少年时期大脑的成熟度只有 80% 左右。

实际上，越来越多的研究显示，大部分孩子在 9 ～ 10 岁左右就会进入青春期。而且越来越多的孩子会接受更长时间的教育，其青春期的过程也随着延长了。在如此长的年龄跨度中，每个孩子或家庭都可能会面临不同的挑战，但有一个共同的、不可避免的主题——分离。也就是说，青少年将会从物理空间、社会意义、情感层面离开家庭，离开父母。

青春期持续的时间如此之长，12 岁的青少年和 18 岁的青少年是完全不一样的。为了更好地区分不同阶段青少年的特征，我们把青春期大致划分为青春期早期（9 ～ 12 岁），青春期中期（13 ～ 17 岁），以及青春期晚期（18 ～ 25 岁及以后）。

在青春期早期，生理上的快速发育使孩子思考为什么身体有如此超出他们预期的变化，从而急于证明自己是"正常的"。心理上自我意识的觉醒使青少年开始拒绝成为"父母眼中的孩子"；在青春期中期，青少年的性取向进一步明确，同时发生的还有在心理层面渴望把父母"请出去"，把同伴"请进来"，在同伴中寻找认同和新的位置；在青春期晚期，青少年的自我开始稳固，开始探索事业和发展亲密关系，并在其中进一步确认"我是谁"。

需要说明的是，虽然我们在文中大致划分了青少年的不同阶段，但学界对此并没有统一的标准，因为每个孩子都有自己的节奏。以下关于青春期各个发展阶段的特点的总结和描述可以供家长参考和判断自己的孩子处于什么阶段，以了解如何更好地帮助青少年。

青春期各发展阶段的特点

青春期早期（9 ~ 12 岁）

关键词：我和父母想的不一样；为了和你不一样而跟你对着干；为赋新词强说愁

1 身体发育带来的扰动

在这一时期，快速变化的身体会给孩子带来巨大的扰动。青少年可能会被自己的变化吓到。对于早发育或晚发育的孩子来说，这可能是非常难熬的阶段。

○ "我讨厌我的胸，不想让同学看到它，就一直佝偻着身体。我是班里第一个穿文胸的人，太尴尬了。"

○ "我来例假了，也不好意思问同学有没有和我一样的，上厕所时拿卫生巾要非常小心翼翼。"

○ "其他男生好像都长高了，我的身高一点儿变化都没有，难受。"

○ "我得到了一件新衣服，胸前绣了一朵很漂亮的玫瑰花。花太漂亮了，我很想让人看到它，可又不想让人因为它而注意到我，让人感觉我和别人不一样。当我鼓起勇气穿到学校时，第一个碰到的老师就夸了我。我羞红了脸，忽然觉得这件衣服让我难以接受。我决定以后再也不穿它了。还是平平无奇的白 T 恤比较安全。"

孩子在这个阶段对自己外貌的别扭态度和对自己身体的拒绝可能是非常强烈的。父母要尤其避免对孩子的身体评头论足，帮助孩子接纳自己的身体。

2 对性好奇

随着身体的发育，孩子对性的好奇心更加强烈。随着性发育逐步成熟，一些孩子开始感到性兴奋，这个感受对他们是全新的，兴奋、好奇、害怕、困惑可能同时存在。

对于这个阶段的孩子，如何处理和管理性发育带来的感觉很重要。尤其是男孩子，生殖器官的发育对他们的冲击非常强烈，有的孩子会感到尴尬而沉默寡言，有的孩子则用一种更躁动的方式来应对。他们对异性的好奇大大增加，不难看到这个阶段的男孩子会开玩笑式地私下模仿男女谈恋爱时搂在一起，你推我搡。在这一阶段，及时的性教育非常必要。

3　探索情绪表达的适度性

随着身体的变化，青少年发现自己的攻击性开始真正具有破坏力了。他们的冲动可能不亚于学龄前儿童，情绪的起伏和爆发可能会十分剧烈，而身体更强壮有力可能会给他人或自己造成真正的伤害。这让他们不得不开始思考，如何才能适应情绪的变化，自己又该如何反应，以及如何正确地表达情绪感受。

4　寻求家庭关系之外的自我

"在家庭之外的世界里我是谁"，渐渐地，进入青春期的孩子不再甘于做爸爸妈妈的宝贝，对"凡事听父母的"感到窒息。

有时，并不是父母做错了什么或对孩子的控制太多。只是因为这个年龄段的青少年需要更多个人空间，与父母关系太亲近反而让他们觉得危险和不舒服。不自觉地，他们可能会选择攻击父母和远离父母，从而保持让他们觉得安全的距离。

在这里我想分享一下"消极认同"的概念。消极认同指的是个体对社会普遍接受的规则表现得冷漠或厌恶。对青少年来说，这个时期的他们想脱离父母的干涉，让自己与众不同，因此他们以不接受父母制定的规则这种方式来表达不同的观点。"音乐、电视节目、穿着最好不要和爸爸妈妈一样"，虽然他们也不知道自己要什么，但是他们知道要和爸爸妈妈不一样。这也解释了家长经常会说青少年"我让他往东走，他偏要往西走"。

5 寻找学业上的定位

目前大部分孩子的青春期早期横跨了小学高年级段和中学低年级段，包括从小学到中学的过渡期。到了中学，面临新的环境、伙伴，以及学习科目的增多，青少年的学习优势会更加被看重。成绩和智力因素会极大地影响青少年在同龄人心目中的地位。青少年需要在各种新挑战中学习重新定位自己："我的成绩怎么样，我在班里的表现怎么样，老师和同学怎么看待我，我在学业上应该如何进步"。

青春期中期（13 ~ 17 岁）

关键词：请父母"出去"，请伙伴"进来"

1 寻找新的重要关系

随着青少年进入 13 ~ 17 岁，青春期早期的动荡逐渐平稳，但是争取独立和脱离家庭的主旋律还在继续。如果说在青春期早期，青少年的身份探索和身份认同始于努力脱离家庭并让自己和家人不一样，那么在这个阶段，在群体里寻求一席之地成了他们的主要任务。

群体和朋友成了青少年的另外一个归属。他们在情感层面的关注点也转移到自己是否被群体接受，是否属于群体的一分子上。在同龄人群体中，大家可以交流内心的痛苦和人际冲突，并且总能懂彼此的感受，这在情绪激荡的青春期是很好的安慰。

对于一些青少年来说，他们的重要伙伴和认同的对象不一定是同龄人，而可能是明星、社会上的重要人物，甚至是二次元（纸面或屏幕等平面上所呈现的动画、游戏等平面视觉作品）中的角色。有时，他们也喜欢在某些理论、书籍、影视作品中寻找自己认同的价值观。青少年会追星和看小说的一部分原因就在这里。寻找新的重要关系是这个阶段的青少年为了离开父母、融入群体、步入社会的必经阶段。

2 同辈压力和团体中的挣扎

几乎所有的青少年都经历过同辈压力，因为青少年希望被同龄人接受。在群体中的受欢迎程度很大程度上被青少年感受为"我是不是一个被喜欢的人"。

青少年或许可以选择他们的朋友，却很难选择他们所在的集体。随着进入中学和社交媒体的使用，青少年接触的群体不断扩大，可能是班级、社团，可能是兴趣班，也可能是网络中认识的群体。

待在群体中固然会使人感受到归属感，但是群体情绪的传染性是如此之强，任何与群体成员不同的人都可能会受到残酷的排斥。在同伴的影响下，青少年对朋友圈无法不在意，他们会穿一样的衣服，喜欢一样的动漫，听一样的音乐，甚至可能会一起做出父母认为不好的行为。

对青少年来说，没有什么比孤孤单单一个人或被同龄人排斥更痛苦的了。有的青少年会因为自己的不当行为遭到同伴的拒绝，有的青少年可能因为害羞或缺乏社交技巧而被孤立，有的青少年则因为遭受霸凌而挣扎。身在其中的青少年和家长都会感到痛苦万分。

好消息是，伴随着恰当的支持和干预，这个阶段会顺利度过。随着孩子年龄的增加，他们将越来越少受到同辈压力的困扰。一些人可能更加屈从，而另一些人则能更好地应对挫折和保持自我。我们能观察到的是，家庭关系越好，青少年就越少受到同龄人的负面影响。

青春期晚期（18～25岁及以后）

关键词：*我既不是父母的乖宝宝，也不是群体中他人的复制品，我是我自己*

1 我就是我，是不一样的烟火

到18岁以后这个阶段，青少年的身份认同从"我不是父母的乖宝宝""我要融入同龄群体"发展到发现"我与其他同龄人是有区别的"，最后发展到去确认"我是我自己"。

这个阶段的青少年通常进入大学，虽然依然面临着很多发展任务和不确定性，但之前阶段的扰动开始慢慢平息。青少年和家庭的关系在稳定中继续发展，随之而来的发展任务是确定"我如何生存"，以及确定如何进入亲密关系。

这一切并不容易，因为在这个时期，青少年会认识到生活的多样性，并不是所有人都有一样的衡量标准，所以"我要成为什么样的人"变得尤其让他们困惑。

2 独立却不自我中心

这时不管从生理上还是心理上，青少年都有了进一步的发展。他们已经与父母有了一定程度的分离，同时对自己在群体中的身份有了进一步的反思，意识到自己不是群体机械的一部分，并开始探寻自己与群体的关系，思考在群体中如何保持自我。这可能让他们备感孤独。有研究显示，与所有年龄段的人相比，大学生群体的主观孤独感是最强烈的。

此时，青少年不再有繁重的学习压力，感受到周边环境的限制减少，所以他们建立亲密关系的需求变得越来越强烈。走进亲密关系只是第一步，很快，他们需要学会如何在亲密关系中与另一半相处。如何在保持独立的同时，又让渡一部分自我权力。如何同时是"我"，也是"我们"。这可能是值得终生思考的议题。而早期不同的养育质量和人际体验可能会深刻地影响青少年在亲密关系中的表现。

在了解了青春期的各个阶段后，不少家长会感叹，原来青春期要持续这么长时间！是的，人类的青春期无疑是漫长的。其实在地球上，几乎所有的物种，都会在一定程度上经历青春期。例如，研究人员发现，青少年阶段的海獭更容易挑战鲨鱼，鸟类在青春期的前额叶发展会让它们更容易控制自己的行为，而灵长类动物的大脑发育会让它们在某个时间段更容易冒险和尝试新事物。

在美国加利福尼亚州通往太平洋深处的一片海岸附近，有一块海域，被称为"死亡三角"。因为这块海域常年的居民是大白鲨。没有什么其他动物敢接近这片海洋顶级捕食者的地盘，除了一些"敢死队员"——加利福尼亚海獭。有趣的是，海洋生物学家发现，敢死队员中没有成年或幼年海獭。只有青少年时期的海獭才会接近这片死亡之地。这些勇敢又鲁莽的青少年海獭有时葬身血海，而更多时候，幸存下来的海獭则会在亲身经历中积攒宝贵的生存经验，抵达成年。

这群年轻的海獭和人类的青少年非常相似：寻求刺激、爱冒险，做在父母看来非常危险的事。然而，它们因此获得了生存的智慧，这是在父母的庇护下不可能得到的。

事实上，进化医学领域的研究者发现，几乎所有的动物都会经历青少年时期。跨越物种的研究显示，尽管每个个体的经历在细节上会有所不同，但是所有的动物都会经历某些生理转变过程。除生理上的变化，行为上的变化也随之而来。鸟类在青少年时期前额叶

（关于人类青少年大脑的发育，我们会在本书第二章更多讨论）的发展可以帮助年轻鸟类获得自我控制，其他灵长类动物大脑的变化也会推动个体冒险，尝试新事物和更多社交。

没有动物是一夜之间长大的。《比青春期更关键》（*Wildhood*）一书中提出了"野蛮成长期"这一概念，来描述某个生命阶段——在这个阶段中，生物因素和环境因素共同塑造了所有物种的成熟个体；它必须不受特定年龄、生理特征或文化及社会的限制；而我们必须捕捉到生命在这一特定阶段具有的脆弱、激情、危险和无限可能的特点。人类，并不例外。

青少年面临哪些成长挑战

如果我们知道，青春期的转变和挑战具有普适性，也许我们会放下对这个群体的害怕与偏见，更理解青春期孩子当前正在经历的历程，为他们多提供一些支持。

下面我们来看看，要成长为成熟的个体，青少年会经历哪些挑战。

挑战一：我可以做自己吗 / 我可以和你不一样吗

在家庭发展周期里，一个家庭从形成，到孩子的出生、成长，直到孩子离开父母，都有其变化的规律，父母则需要不断地调整自己的养育策略，来适应孩子成长的需要。

在青春期早期，与父母分离的主题就开始了。如果我们把家庭看作一个不断发展和互动的生态系统，那么在青春期，这个系统的任务是，成年人和青少年一起努力，让系统可以在成员保持情感联结的同时也允许每个个体有更大的独立空间，在自主和联结间达到平衡。

随着孩子大脑的发展、认知能力的提升及情绪变得更敏感，他们必然会对父母的教养方式有新的感受和认知——"爸爸妈妈的话也不一定都对""你听你的高山流水，可我就喜欢我的饶舌音乐"。

小时候孩子会说："我想成为爸爸妈妈那样的人。"到了青春期他们的想法可能会转变为"我才不要成为爸爸妈妈那样的人"。最后他们才可能在内心整合为"我想自己的某个部分像爸爸那样，某个部分像妈妈那样，但是在某些方面我不想和他们一样"。这个过程可能要持续整个青春期，跨度十年以上，而这也是青少年身份认同的最核心部分。

纪伯伦的一首诗里写道：孩子借助你来到这个世界，却并非因你而来。他们在你身边，却并不属于你。你可以给予他们的是你的爱，却不是你的想法，因为他们有自己的思想。你可以庇护的是他们的身体，却不是他们的灵魂，因为他们的灵魂属于明天，属于你做梦也无法到达的明天。你可以拼尽全力，变得像他们一样，却不要让他们变得和你一样，因为生命不会后退，也不会在过去停留……

当孩子有了自己的想法，不再对父母言听计从时，父母是否能观察到，孩子正在向独立迈出重要的一步？当孩子不再是童年那个追着爸爸妈妈抱的小宝宝，脾气开始变得捉摸不透，甚至有时还跟父母对着干时，父母是否能理解，这是孩子在艰难地甚至用破坏关系的方式来让自己有一些空间？如果父母自恋地认为，孩子属于自己，把自己的价值过多地放在孩子是否顺从自己上，那么孩子将在成长的道路上举步维艰。

挑战二：在同伴中我是谁

到了青春期中期，青少年进一步在群体里寻找自我，探寻自己的位置。很多父母会担心孩子受到来自同伴的负面影响，这是可以理解的。青少年之间的行为和情绪是高度传染的，有时他们也会因为同辈压力做出危险的决定。

父母的担心不无道理。青少年，不管是动物还是人类，是最容易成为狩猎目标的。不谙世事、没有社会经验的青少年一头扎入危险的世界时很容易受到伤害。

然而，还有一个真相不可忽略，《比青春期更关键》一书提到，与同伴一起进行的社会学习是世界上最强大的教育工具之一。其实这也是青少年喜欢集群的原因之一，集体不仅给青少年提供了可分享相似感受的情感土壤，还能够帮助青少年规避自己成为唯一的攻击目标，另外，身处集体中的青少年不需要亲身经历也能学会自我保护策略。当他们目睹误入歧途的同伴的最终真实后果时，可能会间接获得宝贵的经验。

当然，群体也会给孩子带来压力，和同伴的冲突与和解几乎每天都在上演。人类倾向于和与自己相似的人组成群体。一开始，一些青少年缺乏经验，会让自己看上去和群体成员不一样。而这样做，被群体成员排挤的风险很高，甚至会遭到霸凌，特别是在中学早中期。渐渐地，青少年学会了一些让自己成为集体一分子的技能。例如，一位中学男生在回顾自己在朋友间经历的挫折时向我吐露心声："如果回到那时，我不会为了赢得关注而哗众取宠，反而被当成小丑。我宁愿没有人注意到我，这才是最安全的。"

青少年将学会融入集体，不引人注目，通过用头发或帽子遮住眼睛避免目光接触等方式避免被选为攻击的目标。与此同时，"在集体中我是谁""怎样既做自己，又融入群体"是青少年绞尽脑汁思考的问题。这个问题可不容易，这是成年人进入更大的社会后，能够在认同社会标准的同时又保留真实自我的起点。

网络可以让青少年和朋友间保持更紧密的联系，展示自己的创造力，但也带来了诸多挑战。在网络社交中，信息的流动 24 小时不停歇。当孩子和同龄人在发生冲突时，网上的言论可能会演变得出乎意料，网络霸凌也比学校霸凌要难处理得多。

　　青少年可能会因为羞耻和担心被责备，很难向父母分享网络上的经历。与处理所有青春期的挑战一样，父母的帮助依然很重要，良好的亲子关系让孩子觉得"我可以和我爸妈说"，这是我们保护孩子最关键的因素。

挑战三：我可以有亲密关系吗

　　青春期孩子关于性发育和亲密关系的担忧和焦虑会有以下几个部分。

1　青春期早期：我的身体是否正常

　　每个人的身体都是不一样的，发育速度也不同。身体发育与同龄人是否一致可能会困扰处于青春期早期的孩子，但当他们来到16 ~ 17岁，随着大部分人的身体发育成熟，这个问题自然会被抛到脑后。

2　青春期中期：我是不是对"性"想得太多

　　许多青少年发现，他们脑海中总会盘旋着"性"这个话题。事实上，这是正常的。只要青少年没有沉迷于此（如沉迷于互联网上的色情内容）或做出危险举动，绝大多数情况下，这只表明他们在做必要的探索。

3　青春期晚期：我喜欢谁、谁对我有吸引力

青少年在某个阶段会确定自己的性取向。但在这之前，许多人会经历不确定和怀疑的阶段。在青少年的自我认同任务中，明确性取向是一个非常重要的部分。同时，与自己喜欢的对象接触、交流的体验，也对自我认同具有重要的作用。孩子们会经历太多的不确定和不自信，而父母的支持将对他们的自我认同和自我接纳起着无与伦比的作用。

虽然我们在上文大致划分了年龄段，但这些挑战在不同个体的发展过程中出现的时间未必相同，表现方式也不尽相同。从青春期开始，孩子将慢慢探索成年人世界的浪漫与爱情，最后走进亲密关系。而这个过程是复杂的，需要学习。如今，打开任何社交媒体，你都可以看到大家关于感情的不同看法和观点。但是，很少有人告诉青少年，如何去爱。

我在美国读研究生时，曾连续四个学期给一门课当助教。这门课面对全校本科生开放，虽然用的是学校最大的阶梯教室，但每堂课依旧爆满，而且还有因没有座位站着听课的学生。到底是什么让这门课如此受欢迎呢？这门课叫作 human sexuality，中文翻译为"人类性学"。

这门课的名字已经显示它是课程里的"珍稀品种"。而如果你看过课程大纲，就会知道它为何如此受欢迎。因为，传统的性教育

中的生理结构、生理发育过程和身体保护只是它的一小部分，这门课更多地涉及了心理、社会、文化等不同的角度，核心模块包括如何开启和维持亲密关系，如何基于性伦理、道德、法律做出正确的性决定，跨文化的性活动和性行为，了解和定义性暴力，性别差异和平等，性别认同，性取向（包括接受自己的身体），等等。青少年对亲密关系和性的好奇及大大小小的疑问在这里都会得到解答。

　　父母可能会担心，如果孩子对性了解得太多，可能会过早开启他们进入成年人世界的大门。还有什么比父母发现孩子有了性行为更尴尬和忧虑的呢？

　　然而真相是，青少年了解不包含指导具体行为的性相关的知识，并不会促使他们更早地开始性生活。引用澳大利亚作家杰梅茵·格里尔（Germaine Greer）的话："图书馆是一个能让你丢掉天真而非童贞的地方。"在荷兰这个性教育走在最前沿的国家，青少年的怀孕率是最低的。事实上，有研究表明，如今越来越多的青少年和年轻人都在有意识地推迟恋爱或性关系，这是为了在心理上保护自己。他们害怕受伤。

　　青少年渴望的是浪漫，他们想要并需要和他人建立联结。青少年想要了解社会、情感、行为方面的信息，包括如何定义侵犯行为，如何处理不当的挑逗，如何说"是"，以及如何说"不"。他们渴望学习有关爱情的知识，例如，如何开始或结束一段关系，如何处理分手，如何避免受伤。

帮助青少年在亲密关系的道路上前进一步，并不意味着一下子就将所有相关知识灌输给他们。一个 10 岁的孩子和一个 18 岁的青少年想知道的东西完全不一样。根据孩子的发展阶段，做出或简短或详细的回答和讨论，需要父母的智慧。

挑战四：我可以事业有成吗

要向成年生活前进，意味着个体要承担起新的角色和责任。年轻人需要通过为自己提供生活保障来建立信心。

如果我们看一本关于动物成长的小说，其进入成年期后大概会有如下经历：离巢，直面内心的恐惧，找到食物，结交朋友，寻找爱情并最终确立自己的领地。

青少年的智力、抽象思维能力、解决问题的能力、决策能力、沟通能力的发展和价值观的形成，会让他们自然而然考虑以后想干什么，要以什么方式立足谋生。然而，这个过程建立在前面几个任务完成的基础上——在感到被允许分离，探索自己，确认自己是谁，安顿了青春期的部分焦虑与不安之后发生。

作为心理咨询师，这几年我接待了太多"躺平"的孩子。很多父母不理解为什么孩子的成绩一落千丈或不爱去上学了。而父母不知道的是，当一个人抑郁、焦虑、不安时，是无法把精力投放到外面的世界中的。

很多父母感到不解，为什么现在的孩子衣食无忧，比自己当年轻松了太多，却失去了奋斗的动力。实际上，除了日益激烈的竞争以外，当今孩子往前的每一步都背负着沉重的情感负担。

当一个孩子被全家团团围住，从生活到学习被照顾得无微不至时，他的内心可能是很苦闷的。出于本能，孩子当然想报答父母的付出，但是在这个世界上，没有一个人可以对另外一个人的幸福负责。如果父母很焦虑，把对生活和未来的期待放在孩子身上，这对孩子来说是"生命不能承受之重"。而且，当孩子发现自己无论如何都达不到父母的某些要求时，就会感到进退两难。如果"做错"太可怕，那么还不如不做。

与此同时，成功往往伴随着独立和冒险。很多父母担心孩子还没有做好承担后果的准备，所以感到无法放手让孩子独自承受失败的风险，甚至担心孩子是否能完成一系列看似简单的生活任务，如按时起床、打扫卫生、洗衣服等。这个时候往往亲子冲突最剧烈，但通常这也表明孩子准备好要独自去承担了。

另外，父母和孩子对"事业有成"的定义可能是不一样的。大部分父母希望孩子考上好大学，找到高薪或稳定的工作。对于现代的青少年来说，经济独立并养活自己确实是成熟的标志之一。然而，更重要的是，青少年在哪些事情上觉得自己有能力，他们想在哪个领域获得成就，并在这个基础上探寻新的可能性，允许自己真实地存在，拥有确认自我、去爱、去工作的能力。

在这里，再强调也不过分的是，事业有成的基础是分离。只有父母允许孩子和自己不一样，给孩子足够的空间，孩子才有可能超越父母。父母对孩子的爱不可以太淡，也不可以太浓。孩子必然要先认同父母，然后超越对父母的认同，才能有所成就。在很多成年人个案中，我们会发现，很多事业发展遇到阻滞的人——明明可以完成一个项目，明明快要晋升，明明某个比赛很重要，但是却莫名其妙把项目搞砸，把机会弄丢，或者干脆忘了参加比赛——都太把父母放在心里了。他们会觉得，事业有成，超过父母的成就，是一种背叛。

以上我们总结了青少年可能会面临的任务和挑战。在第一部分接下来的内容中，我们将针对几个主要议题进行详细讨论。

第二章

同一与混乱：与自我的关系

"我的孩子怎么变了。"

咨询室里坐着一对父母，看上去有些焦急和担忧。

"孩子本来和我们很亲近，什么事情都和我们说，比如老师今天讲了什么，同学间发生了哪些趣事。孩子一直很乖，成绩也不错，没有长辈不喜欢她。但是慢慢地，她有些事情不愿意和我们说了。问她学校里发生了什么，她也不愿意多说。

自从身体发育后，孩子开始不喜欢留长发了，一定要把头发剪短，好好的女孩子只穿裤子再也不穿裙子了，说这样比较酷。但是她对外形还是在意的，每天把厕所门一关，自己在里面捣鼓好久才肯出来。说自己脸上有痘痘，让我帮她想办法。

女儿和同学关系倒还不错，他们喜欢看动漫，还在学校搞了个社团，女儿房间的墙壁上都是各种动漫海报。我稍微了解了一些动漫的内容，有的剧情还挺黑暗的，不知道为什么她们会喜欢，我担心这样下去孩子会被带坏。她的好朋友喜欢一个最近比较火的饶舌歌手，在我们看来就是一个浮夸、肤浅的小明星，说话还带脏字，怎么会选择这种人当偶像呢。

孩子现在比之前睡得晚，早上起不来。说她还不愿意听。这样怎么学习呢？她宁愿和同学一起去看漫展或在家上网，也不想去锻炼。孩子为什么会变得这么懒？

您能不能帮我们看看，孩子到底是不是正常？"

这对父母提出的问题其实代表了很多父母的疑问。

在关注青少年心理健康的专业人士眼中，青春期是一个"正常的不正常时期"。

如果我们要在青春期前加上一个形容词，你会选择什么？狂风暴雨的？变幻莫测的？让人头疼的？也许这些词本身就可以告诉我们——青春期是具有挑战性的，对父母如此，对孩子尤甚。

青春期是个体从儿童过渡到成年人的时期。在这个阶段，孩子的各个方面正在面临巨大且快速的变化。

第二性征的发展让很多孩子焦虑和担心自己的外貌。其他很多变化也会在青少年的生活中发生，如新的学业任务、升学、与伙伴及父母关系的变化等。

在青春期，孩子还会经历情感上的"过山车"。一方面，青少年大脑的发展让他们更能体验到复杂和强烈的情绪；另一方面，他们不一定明白这些情绪是什么。

青少年有时想快速成为成年人，情绪激昂，觉得自己什么都可以做。但遇到挫折时，又觉得自己一无是处，情绪低落，想回到儿童状态，巴不得丢开所有的责任，要父母照顾。

除了以上这些看得见的变化，还有一些看不见的变化：大脑和激素。出生前三年的幼儿和青少年的大脑会经历人一生中最快速的发展和变化，青少年大脑的发展和变化尤其体现在以下三个脑区——前额叶皮质、杏仁核、海马体。前额叶皮质负责思考、计划和解决问题，而杏仁核则与情绪情感的觉醒相关。青少年的杏仁核发展快于前额叶皮质的发展，这在一定程度上解释了为何有时青少年的行动会先于思考。不过，青春期的大脑也是青少年无穷的宝藏，例如，与记忆相关的海马体会在青春期尤其活跃，这表明了青少年学习能力的巨大发展潜力。此外，一系列激素的变化也会引起青少年情绪的波动（在第二部分会有更详细的关于青春期大脑的阐述）。

这些变化会造成孩子在青春期呈现一些特点。

○ 内心矛盾，摇摆不定，其实他们也不是很清楚自己想要干什么。

○ 对身体在意，对自己的性别好奇，"我喜欢自己这个样子吗""别人喜欢我这样子吗""我喜欢男性还是女性"……

○ 在父母面前特别注意自己的隐私，有很多秘密，但有时对人不加防备地信任，把自己置于脆弱的境地。

○ 心情阴晴不定，让人不知如何应对，有时特别自我中心等。

回到本章开头，根据案例中父母的描述，孩子似乎正在探索和经历与"我是谁"相关的自我认同阶段。而在这个探索过程中，确实会出现"正常的不正常"。也就是说，虽然孩子的行为让父母感到有很大的变化和困惑，却是他们这个发展阶段的正常表现。

什么是自我认同

自我认同（self-identity）是指一个人如何根据价值观、信仰和在世界上的角色来定义自己，并体验存在的感觉。虽然自我认同的探索是持续一生的过程，但是对青少年尤其重要。爱利克·埃里克森（Erik Erikson）认为，如果一个青少年没有确定自己的价值观和个人信仰是什么，那么就会面临身份危机，未能建立自我认同会导致角色混乱和未来生活中的自我意识薄弱。

青春期通常是一个人第一次开始思考自己的身份如何影响自己的未来和生活的时期。青少年开始想知道他们是谁，以及为什么自己是这样的人。青少年也在发展对自己的感知，并想知道他人如何看待他们。

自我认同的发展建立在独立意识的基础之上。当孩子开始对"我是谁"感到好奇时，这通常说明他们已经意识到了"我和父母不一样"，这对孩子来说是一个里程碑式的发展。在临床工作中，我们经常发现，被父母过度保护，或者还没有与父母在心理层面分离的孩子，通常自我意识比较弱，更不知如何应对日益复杂的人际关系，自我认同的探索也比较晚。

自我认同需探索的不同方面

自我认同包括很多不同的方面，如身体认同、性别 / 性取向认同、学业 / 事业认同、文化认同、社会阶层认同、价值观认同等。青少年对自由、新奇和愉悦感有强烈的追求，他们通过尝试新的身份和尝试不同的装扮或新的兴趣来搞清楚自己是谁。有时这种选择与他们平时的表现相去甚远，可能会吓到父母，但这是正常的。

与此同时，青少年一直在根据朋友、家人、社会的反馈而不断调整自己的目标和期望。在家庭、朋友和社会的影响下，那些能够不断获得稳定积极反馈的青少年常常会形成一种牢固、持久的自我认同，形成一种长期的价值、文化、种族、家庭观。

下面我将选择其中几项展开阐述。

1 身体认同：我的身体我能做主吗

当你睡了一夜醒来，发现自己的床单上多了一摊血或不明液体，看到镜子里的自己脸上或腋下长出了一些东西，脸型和嗓音好像也发生了变化，这对你来说是怎样的体验？对成年人来说十分平常的事情对大脑还没有发育好、特别在意他人眼光的青少年来说，都会带来特别大的焦虑。

尽管孩子们通常通过各种途径明白了身体上的变化是怎么回事，但真正体验到时，难免还是感到惊慌。女孩子知道来月经表示"我有生育能力了"，但"有了生育能力意味着什么""我还没有谈恋爱，我会想和怎样的人在一起呢""我喜欢谁，谁会喜欢我呢"等问题依然有待探索。男孩子因为激素的影响，感觉自己更有力量了，有关性的想法和对此的好奇也会变得强烈。

接受自己的变化需要时间，大部分青少年要到青春期晚期才会形成稳定的自我形象。过程中的几年，青少年会不断探索自己。例如，学习成年人的妆容，把自己打扮得很成熟，或者想要停留在童年，喜欢装扮得很萝莉。他们穿成年人觉得奇奇怪怪的衣服，沉迷装扮游戏（cosplay，英文 costume play 的缩写，指扮演动漫作品或游戏中的角色）。其实孩子在探索这些时，也是在探索和整理内心的不确定感。

青少年在这个时期，特别像学步儿。学步时期，随着大运动能力的进一步发展，有时孩子会出现"你说往东我偏往西"的行为，看着父母着急的样子甚至会哈哈大笑，通过不断地试探，孩子在确定"我的身体是不是可以自己做主，是否可以不用按你说的做"，这给学步儿带来极大的快乐和自信。但通常自己探索一会儿后他们会跑回来找父母。青少年也是这样，他们通过一段时间随心所欲的穿衣打扮来感觉"我可以自己说了算"。获得这种体验后，他们开始了解哪些是"我想要的"，哪些只是"暂时玩玩的"，慢慢地确定"我想成为什么样子"和"什么样子能被环境接受"。

我通常建议家长去了解孩子喜欢某个事物的原因是什么，是什么如此吸引他们。也许孩子本身是内向的，但是他喜欢某个特别有魅力的动漫人物；一个平常很有礼貌的孩子，会喜欢偶尔蹦脏字的说唱歌手；一个看着很乖的孩子，喜欢暗黑风格的影片。其实很多时候，孩子只是在探索性格的另一面。

另外，我们也经常发现，孩子有时和父母穿得完全不一样，例如，妈妈穿衣很保守，孩子却特别开放。原因之一是青春期的孩子成长的一个成果必然是"我和父母不一样"。有趣的是，孩子特别容易活出父母没有呈现的性格面貌。当然，这背后有更多的家庭动力需要去观察，例如，在孩子眼中，妈妈是不是一个有魅力的女性，爸爸是否有足够的力量感，他们又是如何通过外表展现的，等等。

改变外表或追求新的兴趣是青少年尝试不同身份的方式。我们不难理解为什么学校的"装扮日"或类似主题的活动日如此受欢迎。因为它们让青少年有机会在安全的环境中尝试不同的或不寻常的东西。

2 性别认同：我的探索被允许吗

美国心理学会的研究显示，Z 世代（1995 ~ 2005 年出生的人群，又被称为互联网一代，二次元代）有超过一半的孩子将经历更长时间的性别探索。

性别刻板印象将越来越被 Z 世代打破。在传统社会期待中，女孩子会被期待穿裙子和玩洋娃娃，男孩子可能会被允许玩具有攻击性的玩具，如飞镖等。但随着社会文明的进步，套在女性和男性身上的桎梏可能会被更多地打破，例如，越来越多的女性被鼓励发声，展现自己的抱负，发展事业，男性身上"温和""耐心"等品质也越来越被重视。青少年可能会质疑和挑战社会期待的性别刻板印象，他们会更多地参加自己感兴趣的活动，而不考虑这些活动被社会认为是"男性化的"还是"女性化的"。我们也会越来越多地看到，科学竞赛和机器人俱乐部出现女生，而舞蹈和模特队里不乏男生。

另外，青少年还会用各种方式来深入理解性别角色，探索性别的多样性。不少孩子会在一段时间内尝试穿异性的服装，留异性发型，有些男孩会对化妆产生好奇。在青少年中，这些表现往往是在满足探索身份和表达个人风格的需要。

有的家长会担心，我的孩子是否会变成"娘娘腔"或同性恋？

首先，在探索性别角色的过程中，青少年可以锻炼同理心，理解不同性别的人可能面临的挑战和压力。通过这些探索，青少年不仅能够更好地理解自己和异性，还能够发展出对性别多样性的深刻理解和尊重。这个过程对于他们成长为能够在多元化社会中建立健康人际关系的成年人至关重要。

其次，性取向是一个复杂的主题，每个人的经历都是独一无二的。性取向在很大程度上受基因、激素、大脑构造等生物学因素的影响。例如，近年来的基因研究发现，可能存在与性取向相关的基因变异。至今为止，很多科学家认为性取向的形成是一个复杂的过程，涉及生物学、心理学、社会学多种因素的相互作用，并没有单一的行为或环境因素会导向同性恋。

因此，面对青春期孩子的性别探索行为，家长先不要急于"扣帽子""贴标签"。因为有时孩子只是好奇，他们需要各种尝试来确认自己真实的感觉到底如何，同时也需要时间探索。家长的干涉反而会让孩子产生逆反心理。此时家长需要先观察，耐心听孩子的表达，自己也要清楚到底什么是性少数群体和多元的性取向，才能给孩子更有帮助的引导。

3 跨文化的身份认同：我是哪里人

青少年在探索身份认同时，也在发展对自己与不同社会群体的关系的理解。在美剧《初来乍到》中，描述了一家三代移民到美国后的经历。孩子、父母、祖父母三代人都不同程度上接受着新文化的冲击，他们既要融入当地生活、实现梦想，又难以避免原有文化的独特影响。大儿子黄艾迪更是经历了从文化冲突到整合的过程。

事实上，民族／种族身份对青少年生活的许多方面都有影响，包括心理健康、学习成绩和同伴关系。研究表明，当青少年思考他们的民族／种族身份并试图更多地了解自己的背景时，他们在上述三个方面中的每一个方面都表现得更好。

以下是两位在不同时期去国外留学的来访者内心对跨文化的体验。

> 我很早就和爸爸妈妈去了美国，开始在当地上学，和同学相处得也很好。在学校，我会和同学一起庆祝美国的节日。在家里，爸爸妈妈希望和我一起庆祝中国的传统节日。大家都看得出我是亚洲人，但是很多次我得和大家解释我父母是中国人，而不是韩国人、越南人或日本人，我们的文化其实不一样。

　　我在国外读研究生，平时学习很忙，没有太多时间社交。和同学聊天的内容除了项目之外都是比较表面的话题，也很难融入当地的圈子。我还是和中国同学在一起多一些。浏览当地新闻的时候也比较在意对我们亚洲留学生有什么影响。有一次老师和我们开组会时说了一个词，可能是无心的，但我感觉她对亚洲学生是有刻板印象的。总之文化适应挺不容易的。

随着教育体系的多样化，很多家庭选择国际教育，体验不同的文化教育理念。但这也可能带来中西文化的碰撞。下面是一位在国际学校就读的学生向我分享的内容。

　　爸爸妈妈一直让我在国际学校就读。我的老师和同学都比较开放，也很容易接受有个性的行为和风格，觉得感兴趣的人和事情都可以尝试着接触和了解。但是我爸爸妈妈比较传统，说我早熟，很担心我学坏。我只是和这个环境中的同龄人一样啊。他们送我来学习，又不接受我在这里长成的样子。

不只是不同国家的文化会有碰撞，中国幅员辽阔，在一个家庭里我们也经常会看到不同文化的碰撞。以下是一位大学生对自己跨地域身份认同的体会。

　　我的爸爸是北方人，妈妈是南方人，我出生在中原地区的一个城市。逢年过节，他们总是会因为南北习俗的问题讨论，包粽子应该甜还是咸，走南方和北方的亲戚应该送什么礼，有什么规矩。每年我收到两边长辈的压岁钱都很不一样，一边亲戚都包好大的红包，另一边亲戚都习惯包5块、10块的红包。爸爸妈妈因为地域不同，为人处世的价值观也会不一样，小时候我没什么感觉，但我现在觉得挺有趣的，也在想自己为人处世的哪个部分来自谁的哪方面文化，作为一个"文化混合体"，我自己又是一个什么样的人。

跨文化的身份认同是一个很重要却经常会被父母忽略的事情。父母和照顾者在支持青少年探索他们的民族/种族身份方面很重要。父母可以通过和孩子一起庆祝重要时刻或节日来培养孩子的文化自豪感，同时鼓励孩子对多样性保持开放的态度，消除文化刻板印象，让孩子提前了解不同文化的差异并为潜在文化偏见做好准备。如果你想支持青少年民族/种族身份的发展，可以参考下列做法。

- 提倡文化自豪感，解释和庆祝属于家庭的重要文化传统。文化可以成为许多人信心的来源。鼓励孩子对多样性持开放态度，这样孩子以后和不同人接触时会更加自如。
- 消除文化刻板印象。留心自己是否有民族/种族刻板印象，并且是否会将其传递给孩子。
- 让孩子为潜在的偏见做好准备，鼓励年轻人在目睹或经历种族不公正时站出来。

父母贴士

青少年的自我认同与培养健康的自我意识、个性有关，并且影响他们日后人际关系的建立。因此，积极的青少年自我认同非常重要，它不仅影响着孩子的主动性、自驱力及自尊水平，同时，它也塑造了孩子成年后的归属感。

父母在青少年探索自我认同方面起着非常重要的作用。父母或其他成年人在青少年的生活中提供关怀和指导是影响孩子能否成长为一个健康的成年人的最重要因素之一。与父母关系密切的青少年在探索自我认同时会更少做出危险和冒险的行为。

很多家长会疑惑：如何把握"提供关怀和指导"的尺度，哪些方面是需要管的，哪些方面不需要管，如果不管，会不会出问题？

我对此的回答是，当孩子的行为触及以下两条红线时，家长则应该站出来干预。

第一条是身心安全。 例如，孩子和朋友聚会或去漫展，这些行为都是安全的，不必干涉。但是如果有人单独邀请你女儿去一个宾馆约会，你会感到可能有风险。此时应该提醒孩子。我们不妨直接表达自己的情感，"我很爱你，所以我很担心"。把"人"和"事"分开，表达你对孩子的爱，但是对具体的事情你有不同的意见。

第二条是正常生活。 学习、生活、起居、人际交往是一个人最重要的功能。这也应该是家长的底线，在不影响这些生活功能的前提下，我们要倾听孩子，给孩子尝试和讨论的空间。如果孩子玩动漫或打扮自己没有影响学习和睡觉，我会问家长，你们担心的是什么呢？有的家长会说，"这是不学好"。也许在这些家长小的时候，内在美和外在美被认为是割裂的，不好好学习的人才会天天打扮自己，然而这并非事实。

家长可以持开放的态度，保持观察。不要对孩子外观的变化感到惊慌。不寻常的头发颜色会随着新头发长出来而逐渐被代谢，服装潮流会改变。同时，家长要注意自己是如何影响孩子的。如果父母天天喊着减肥和节食，并且对其他女性的外貌评头论足，家中青春期的女孩将很难对自己的外貌感到满意。

尝试帮助孩子把"混沌之力"升华。让孩子将攻击性和你难以理解的动力通过运动或其他形式来释放。例如，孩子喜欢和你吵架，你可以让他去学辩论。想让孩子在社交活动中更自如，不妨让他去学有规则又需要合作的体育项目，如足球。甚至有的家长告诉我，她过年时教了孩子麻将，孩子很喜欢这种"从混乱中制造出秩序感"的游戏。

第三章

自主与顺从：与父母的关系

☑ **案例 3-1**

"当我还是一个小女孩的时候，我觉得我妈妈什么都好，她是世界上最好的妈妈，如果她不高兴，那么一定是我做得不够好。但是到了初中，我的感受慢慢变了。

有一次，她来探望住校的我，带来做好的饭菜。但我不知道她会带饭，所以在食堂已经打好了饭。结果她看到后十分生气，说我浪费、没脑子。当时食堂里那么多人，我的同学还有其他父母都听到她骂我。我很生气，回敬了她几句，没想到她伸手给了我一巴掌。当时所有人都在看我，我瞬间头脑发晕，看不清周围，也不敢看周围，把饭盒掀翻在地就冲出了食堂。

现在回头看，其实妈妈一直都是那个妈妈，只是从某个时间点开始我已经不再是孩子了。小时候我更多是顺从，努力迎合大人，想做个他们眼中的'好'孩子，但是随着自己长大，我开始觉察到内心的更多感受，也能更客观地看待妈妈这个人，有时觉得生气，觉得不公平的情绪越来越清晰。"

很多成年人告诉我，他们与父母关系的转折，发生在青春期。是的，青春期是人一生中对情绪最敏感，对自己和外界反应最敏锐的时期。案例中的主人公在这次事件中用愤怒地掀翻饭菜来表示她对妈妈的反抗。然而，隐藏在愤怒背后的，是不被认可的悲伤、被误解的委屈、对母亲强势的无力，以及当众出丑后的屈辱。

故事中的这位母亲，给孩子送饭本是一片好心，孩子也是在不知道的情况下买了饭，这本是一个美丽的小遗憾。在没有提前通知孩子的情况下，孩子买了饭十分正常。可是这位母亲并没有考虑这一点，也没能涵容这个生活中的小插曲。

父母不再无所不知，孩子也不再言听计从

我写下这个故事并不是要责备这位母亲，作为心理咨询师，我相信很多看似无法理解的行为背后都有复杂且无奈的原因。每个成为父母的成年人，受到的养育和成长经历会影响我们如何做父母。

在后面的咨询中我从这位来访者处了解到，她的母亲因为不受

自己父母的喜欢，因此特别在意自己的小家庭对自己的态度，害怕自己成为一个不够好的母亲。脆弱的自尊让这位母亲把孩子买饭的行为当作对自己好意的一种拒绝，把孩子的解释当成是对自己的对抗和否定，于是当孩子试图解释时，母亲感觉在众人面前无地自容，愤怒之下当众扇了孩子耳光以示权威。

父母都经历过被孩子崇拜，孩子对自己言听计从的岁月，那段时间里，父母对孩子有着无与伦比的影响力，一个微笑、一个皱眉都可以改变孩子的行为。但那只是孩子成长的一个阶段。

我们当然不是无所不能、无所不知的。长大的孩子很快会意识到这一点，并向我们指出。这是孩子自然发展中离开并超越父母的前提，也是父母面对孩子长大必须经历的阵痛。

当我和家庭工作时，经常会问父母双方一些问题。

- 当你在孩子这个年纪时，你是一个什么样的青少年？
- 你的父亲是什么样的父亲？
- 你的母亲是什么样的母亲？

这些问题把家长带入回忆。在回忆中，一些家长想起自己被父母信任的时光，"他们从不催我学习，但我学得很好，玩得也很开心"；一些家长表示和父母比较疏离，"父母一直没空管我，我自己也很听话"；一些家长谈到小时候被父母棍棒教育，"总是吵架，总是被打，当时自己可能比较调皮"。当家长重新回头看自己的青春期时，往往能用新的眼光重新理解当年的父母和自己。

有时，我会问父母这样一个问题：假设让你现在完全按照父母的话做事，你愿意吗？你的感受是什么？很多家长会回答："怎么可能，父母虽然很爱我，但是上一辈人的认知是有限的。他们已经不了解现在的世界了。"两代人的成长背景、人际圈和经历的事情是完全不一样的。所以，为什么要求我们的孩子什么都听从我们呢？孩子挑战甚至反抗父母，正是他们在为超越父母做准备。新生事物和旧事物之间的矛盾和磨合是持续存在的。

如果孩子曾经崇拜和顺从我们，满足了我们的自恋，那么现在是时候走出来了。如果在被孩子质疑时能够反思自己，我们就给孩子树立了一个成熟的权威角色的榜样，父母本身也将和孩子一起成长。

适度反抗是生命力的象征

有一个寓言故事是这样的：有一棵小树，和其他小树种在一片林子里，小树刚开始生长的时候周身长出了嫩绿的叶子，它很欣喜。但是它太喜欢自己的叶子了，到了冬天，在其他小树都落叶休息的时候，它舍不得让旧叶子掉落。北风劝慰，小鸟啾啾，小动物走过，都不能说服它。于是一年年过去了，身边的小树每年都掉旧叶子，长新叶子，并一年年地长高，而这棵小树拥抱着自己枯掉的"旧衣服"，一直没有变化。眼看着同伴们越长越高，自己甚至连阳光都照不到了，小树终于恍然大悟，决定脱掉旧叶子，拥抱四季轮回，终于迎来了新的成长。

家庭中的孩子就像故事中的小树。在家庭生命周期理论中，一个家庭的发展分为六个周期，分别是"独立成人期""新婚成家期""养育新人期""孩子成长期""空巢期"和"夕阳晚景期"。父母的教导就像小树长的叶子。小树要成长，必须适应四季规律，去旧迎新。希望孩子成长的父母也要适应规律，只有像叶子周期性地更换那样调整自己，才能适应孩子的需求。这样孩子才能成长为枝繁叶茂的大树，小鸟、松鼠才会在树上安家，大树才能撑起一片天地。

其中，小树成长的关键期，就是家庭中的"孩子成长期"，也叫"有青少年的家庭"。在这个阶段，孩子和父母要从"自主"与"顺从"的矛盾中寻求和解及出路。父母不再有绝对的权威，在处理自己中年危机的同时要面对发展出强烈自我意愿的孩子，并要调整亲子关系，适应孩子的发展。

青春期是孩子个人发展的重要阶段，孩子的发展面临第一章提到的各项任务。其中最基础的就是分离 – 个体化的独立议题，即脱离原本所依赖的家庭而形成自己的个性，为以后独立生活做准备。这是一个持续一生的议题，从某种程度上说，也是进化的必然规律，因为任何动物幼崽都要学会离开父母，独自在外生存。

人类的青春期就是觉醒和分离的准备期。孩子面临的内在冲突是，更多地寻求独立还是依旧依赖于家庭。在思想上，他们寻求自主感，有时觉得自己能为自己做主。然而在行为上，他们发现自己会犯错，依然需要父母的帮助。所以他们对父母的态度，在挑战和认同中循环。但青春期就是一个试错并成长的过程。

在完成青春期的任务后，孩子才能更好地进入他们的"独立成人期"。如果父母阻挠孩子独立，那么孩子上个阶段未被解决的议题，会被带到生命的下一个阶段中，这将影响孩子成年后的亲密关系和亲子关系。

青春期就一定会有亲子危机吗

"叛逆""对抗权威""亲子关系紧张"是很多家有青春期孩子的父母抱怨时的高频词汇。这确实是青春期的部分显著特点。但是，不是所有的青少年和父母都会经历这样的狂风暴雨。现在，心理学家们正在尝试打破人们对青春期"混乱又刺激"的印象，越来越多的研究表明，青春期是个人发展过程中非常重要的阶段，重要的人格方面在这个时期开始塑形。个体一直在竭尽全力地把自己整合成一个相对稳定和协调的状态。

　　为什么有的青少年和父母可以安然度过这个特殊的时期，而有一些家庭却在青春期的风暴中苦苦挣扎呢？

　　在心理咨询工作中，我见过很多抑郁的、焦虑的、不想上学的、叛逆的、惊慌的、矛盾的青少年及他们备感受挫的父母。当我和他们工作时，我经常会想起西格蒙德·弗洛伊德（Sigmund Freud）曾说过的关于人格的话。

　　　假如我们把水晶物体投掷到地板上，水晶物体就碎了；但并不是碎成杂乱无章的碎片。它总是沿着一定的纹路裂成碎片的。这些纹路虽然是看不见的，却是由水晶的构造预先决定了的。

　　首先，很多青春期出现的问题，早就在生活中有迹可循。

　　厌学的中学生 A，可能小学阶段就出现过不想去学校的状态。在学校和同学打架的青春期男生 B，回忆起小时候不听话时就会被一顿暴打。被诊断为强迫症的少年 C，在幼年时曾经历过父母的交恶和离婚。

　　青少年对青春期的强烈情感冲击的承受力，首先取决于母婴之间的原始关系。越来越多的实证研究证明，如果一个母亲在孩子出生后经历产后抑郁，这将严重影响母亲对孩子的回应及母亲对孩子情绪涵容的质量。孩子早期像鱼一样，生活在照顾者的情绪流中。照顾者本身的状态，会深刻影响孩子早期的情感体验。

其次，青春期的人格状态受早期环境中各种因素和经历所影响。

例如，上文中的中学生 A，妈妈在其出生后就辞去工作，全部理想就是为家族培养出一个优秀的孩子，所以从小就严格要求 A，A 如果达不到要求就会被呵斥。长此以往，A 慢慢失去了上学的动力。他不是对学习本身失去兴趣，而是学习好坏引发的妈妈的强烈情绪变化已经让他无力承受。

男生 B 小时候被父亲打，虽然不服气，却毫无反抗能力。然而随着身体的慢慢成长，他发现自己不仅可以反抗，还有打赢对方的能力。因为从小只有惩罚，没有人关注他的痛苦，在他和别人发生冲突时，他也无法体会自己会给他人造成痛苦。缺乏共情能力的他长大后成了校园欺凌者。

少年 C 的父母在离婚前后始终有着巨大的矛盾。父母彼此厌恶对方并在 C 面前互相说彼此的坏话，母亲更是让 C 不断地向父亲索要生活费和其他费用，"不然你爸的钱都被别人花完了"。C 从小就卡在父母中间，成为父母要挟彼此的筹码。

真正的家和万事兴

我们可以看到，当父母的个人问题被过多地带进养育中时，亲子关系会产生裂缝。到了青春期，伴随着生理和心理快速发展带来的不稳定性，孩子更容易出现问题。很多孩子的症状背后都是一种无言的申诉和反抗。

中国人都知道家和万事兴，却很少有人知道其语境——"父爱则母敬，母敬则子安，子安则家和，家和万事兴。"中国古人的智慧与现代西方心理学中关于健康家庭的观念不谋而合，那就是一个家庭中，夫妻关系的优先级是排在亲子关系之前的。

然而在很多家庭中，因为夫妻关系出现问题，一方父母容易把孩子当成自己生活的中心和心理依靠，但这对孩子是一种"难以承担之重"。这也是为什么在当今的社会中，容易出现"有问题的孩子，焦虑的妈妈，不着家的爸爸"的家庭组合。

家长需要做的是处理好自己的事情。孩子从来不是脱离环境的产物，相反，孩子常常是环境出现问题时最薄弱的一环。很多父母并不相信自己的事情对孩子有很大的影响。但事实是，孩子在家庭中就如鱼儿游在水中，如果水质不好，鱼儿怎么会不知道？为了生存，你猜鱼儿又会做些什么？

有同行曾在一个家庭会谈中测过孩子的心率，他发现，尽管孩子不说话，但其心率却随着父母谈话的语气和内容起伏着。父母对孩子的影响是极大的。在心理咨询中，如果没有父母的合作，儿童青少年的咨询大部分流向无果。即使在咨询师仅和成年人来访者一对一工作时，也发现父母变化了，孩子也会有变化。

因此，父母需要审视家庭的三角关系，调整夫妻关系，把因为家庭关系失衡而集中在孩子身上的注意力，重新转移到夫妻的感情生活和自己的事业发展上。面对青春期的孩子，夫妻需要相互配合，互相支持，调整家庭边界，适应孩子的成长，这样才能真正做到家和万事兴。

健康的亲子之爱，指向分离

世界上的爱几乎都希望永远亲密，但是父母对子女的爱应该指向分离。父母越是爱孩子，越是需要帮助孩子健康快乐地"离开"自己。

重视人与人之间的联结会让我们容易与人建立亲密感，却也容易带来边界模糊的问题，特别是在亲人之间。人际关系的高度紧密，虽然会在某些时候给人带来一些安全感，但代价是个体需要让渡很大一部分自主权。这时，个体会感受到一种缺失感，对自己要独立在这世界上存活下去感到恐惧，而这种隐秘的不安全感会让他们需要牢牢抓住身边的人，在这种状态下，他们的自我探索、自我确认和自我成长都停滞了。

青少年的独立愿望前所未有地强烈。当父母与孩子融合的愿望遭到孩子的拒绝时，父母会感到受伤，甚至感到自己被全然拒绝了。这样的感受让很多父母无法承受，父母有时会迸发出具有破坏性的愤怒。

在愤怒的驱使下，父母或者搬出自己的权威性，"我是你爸妈，你就得听我的"；或者采用"念叨大法"，和孩子讲道理；更甚者情绪激动，采用羞辱、谩骂甚至殴打的方式，造成亲子关系的矛盾升级。

在这样的关系中，孩子沦为父母的"工具人"。为了持续地控制孩子，父母会长期采用扭曲的教养方式。这会对孩子的人格造成极大的伤害。作为心理咨询师，我见过孩子通过各种方式来反抗，如厌学、生病等。最严重的情形之一，就是抑郁或自杀——"我用伤害自己的方式来反抗你"。

即使孩子在这样的关系中存活下来，人格也会遭受极大的伤害。

著名临床心理动力学学者南希·麦克威廉斯（Nancy McWilliams）在她的《精神分析诊断：理解人格结构》（*Psychoanalytic Diagnosis: Understanding Personality Structure in the Clinical Process*）一书中总结道，不同人格障碍的患病都有不同的早期家庭教养原因。

例如，自恋型人格的病人在小时候很可能被父母当成满足自己自恋的工具，孩子能否达到父母设定的目标决定了父母对其的态度。或者家庭氛围评头论足，不是非议责难就是过度表扬。

分裂样人格的父母通常情感缺乏，忽视孩子的需求，或者父母与孩子过度紧密，期望过高或过度卷入。在男性分裂样病人的家庭背景中，通常有一个冷漠严苛的父亲和一个令人窒息的母亲——缺乏共情又过度入侵。

在偏执人格病人的成长背景中，极端严厉的批评、反复无常的惩罚、毫不留情的痛斥及难以取悦的家长都十分常见。这些发现也在后面的研究及我们的临床工作中一再被证实。这些孩子长大后的人际关系通常会出现各种矛盾和冲突。

管还是不管

很多父母会问，我该如何调整亲子关系？我又该如何管束孩子？分离代表不管孩子吗？并不是。允许孩子分离，是允许孩子有自己的想法，允许孩子去尝试，允许孩子不再把你的话奉为金科玉律，也要允许你不把孩子当成你生命的中心。

孩子依然需要你。一些青少年看上去希望家长什么都不要管，只要给钱，在需要帮助的时候出现就行。但在青春期特别是青春期早期，孩子需要父母的程度，依然比他们意识到的更强烈。这时，需要父母和孩子就之前的家庭规则反复沟通，形成新的规则。当家庭边界重新调整，更有弹性之后，孩子会更愿意去探索外在的世界，发展自己，也能在受挫时回归家庭，体会温暖。

　　尊重孩子的想法依然很重要，父母可以就"管与不管""管多少"等问题和孩子沟通。在开放的、尊重的关系中，孩子才可能愿意沟通。带着"你说的我不一定同意，但是我尊重你的想法"这种心态与孩子互动会让孩子觉得安全。在沟通时要让孩子有参与感，而不是父母决定好了通知孩子。另外在沟通具体问题时，父母可以学习和采用一些谈判的技巧，如不要轻易把谈判升级为价值观之争。每个人都有自己的边界，例如，父母需要子女好好睡觉，而孩子想要用社交媒体和同学交谈一会儿，那么中间则有一定的空间讨论如何使用电子设备同时不影响睡眠。这些沟通技巧将会对孩子在人际交往方面起到示范作用。

父母贴士

　　如果你还记得孩子在幼儿期的时候有多么固执麻烦，同时又成长得多么令人吃惊，那么你面对家中棘手的青少年时可能会感觉好一些。青春期被认为是第二个转折期，它伴随着巨大的波动，同时也有巨大的契机。就像幼儿逐渐发现自己的自主性的阶段一样，青少年需要一定的心理空间，也需要一定的界限，加上父母的乐观和对孩子的信任，才能学会更好地管理自己。

　　多年与青少年工作的临床经验使我相信，有时即使情况非常困难，如果父母能够坚持寻求帮助，并调整自身，保持一定的灵活度和开放性，孩子最终会找到自己的出路和方向。

我经常用装修房间的例子来比喻青春期的变化。

当你有了一个孩子后，你会在家里精心准备一个房间给小婴儿。房间里的装饰是你喜欢的样式，是你希望孩子拥有的最好房间的模样。孩子好像在里面一直都生活得很好。但是到了青春期，他们忽然开始动手要改造这个房间。你买的家具开始被抱怨不喜欢，墙上的装饰画也换成了他们喜欢的海报。看上去这个房间和之前的房间几乎要完全不一样了。但是别担心，一直到最后，你会发现，房间里的东西也许被调整了顺序，家具也重新摆放，一些东西被淘汰，一些东西被新添。但是你知道，房间还是那个房间。

第四章

亲密与孤独：与同伴的关系

☑ **案例 4-1**

　　坐在我面前的是一个大男孩，就读于目前极热门的专业，即将完成名校研究生的学业，也收到了年轻人都向往的一家大公司抛出的橄榄枝。可是从他脸上，我却看不到快乐。他告诉我来咨询是因为"不知道如何维持人际关系"。虽然他拿到了令人羡慕的 offer，但是他很担心到了工作环境后"会把一切关系弄糟"。

　　当他描述在中学被孤立，只能一个人去食堂吃饭的场景时，这个刚找到一份好工作、前途一片光明、年轻力壮的大男孩低下头，用手捂住自己的脸并说："太难了，我现在回想起这段经历还是感觉到羞耻、尴尬和无助。"

　　在他的回忆中，孤僻的生活从中学就开始了。他不愿意加入同学的聊天，听到大家在聊自家开什么车时，他很害怕他们会问到他，因为他家没有私家车。他不想让别人了解真实的自己，担心遭到嘲笑。大家看他有些奇怪且不和人交流，便渐渐疏远甚至孤立他。他对此不理解而且很生气，当他将此事告诉父母时，平时情感交流很少、为生活奔波的父母只是淡淡地说："管好成绩就好了。"好在取得好成绩对他来说不是难题。于是他通过成绩好来"打败"同学，找回一些优越感。

上大学后，他的人际关系并没有什么变化。其间有几个关系好的同学不知道为什么慢慢疏远了他。他又开始感到和身边的环境格格不入了，对此他想到的解决方法是跨专业考研，去学习最好的专业，让同学们看看"自己的实力"。

他成功了，但是到了研究生阶段，实验室强手如云，转专业的他感到非常吃力。因为担心别人嘲笑自己"半路出家"，所以即便对被分配的任务一窍不通他也一声不吭，宁愿花上十倍多的精力独自闷头研究。他担心导师和同学知道自己的"底细"，所以实验室开会时他从不发言，这样碰到自己不懂的就不会被别人知道。他身上慢慢散发出一种疏离感，不愿意被人了解他真实的经历。

他说，让他最痛苦的事情莫过于团建，因为他要在热闹的氛围中悲伤地完成一切，就像完成一个任务。听到同学们分享自己的经历，他感到嫉妒和紧张，因为他觉得自己很无知，自己的经历不值一提。团建的同学越团结，他就显得越不合群，参加这样的活动对他来说是苦涩的，"情感体验都很负面，内心感到消耗，没有人可以诉说"。

他有过喜欢的女生，但是向来都把这份喜欢隐藏起来，甚至会故意疏远对方，因为"从她的眼神中可以看到轻蔑"。

"如果在中学时，有人能够告诉我怎样和同学相处，怎样处理人际关系。那么，我是不是就不用经历后面这么多痛苦了？"

美国弗吉尼亚大学的心理学教授约瑟夫·艾伦（Joseph Allen）从 1998 年开始对一批 13 岁的青少年进行长期跟踪研究。在 2021 年，这项长期研究显示，青少年与朋友的关系质量比他们与父母的关系质量更能预测某些长期发展成果。他针对本科生开展的研究显示了相似的结果，即良好的友谊能够预测青少年以后的成就。

青春期阶段良好的友谊影响了一个人成年后的社会关系质量、浪漫关系质量、工作表现，以及是否有抑郁症状。如果青少年时期没有良好的、高质量的朋友关系，在成年期，到 25 岁、26 岁或 27 岁时，个体更容易出现工作表现欠佳、与其他成年人的关系质量较低、浪漫关系质量更差，以及抑郁等表现。

当然，研究结果不一定适用于每个人，并且还有很多其他复杂的社会家庭因素会影响青少年的友谊本身。但研究一次又一次地提醒我们，在青少年时期学会与同龄人相处是一项至关重要的生活技能。

可惜的是，一些父母认为青少年对人际关系的强烈关注是"浪费时间"或"自寻烦恼"。很多父母没有意识到，当处于青春期的孩子和你说"我没有朋友"时，这对他们来说真的是最糟糕的事情之一。像开头的案例一样，青少年阶段遇到的友情问题，如果没有得到适当的帮助，令孩子困惑的人际关系模式可能会延续到成年。

友情在青春期为何如此重要

从心理学角度来说，青少年的同伴关系在其成长发展过程中有着独特的意义。

首先，同伴关系为青少年的独立提供了支持。在动物界，有群居属性的刚成年的动物在离开父母后，会结伴并形成一个新的部落。从人类进化的角度来说，离开父母，和同伴同行也是生物性的选择。

加利福尼亚大学洛杉矶分校正念意识研究中心临床教授兼联合主任丹尼尔·J. 西格尔（Daniel J. Siegel）曾说，为什么在青少年时期转向你的同龄人是很自然的？因为当你离开家时，你会依赖谁？

在野外，没有同伴的哺乳动物离死亡也不远了。因此，与同龄群体建立联系就像一个生存问题。

同伴关系也是很多青少年的情绪缓冲剂。很多青少年回忆，"当我对父母失望的时候，我的朋友们简直救了我的命"。同龄人更容易拥有相同的感受，青少年会感觉被看到和懂得。特别是当父母养育方式不当，或者夫妻关系不和而无法给孩子提供稳定的情绪环境时，朋友就显得尤为重要。

其次，同伴关系帮助青少年探索自我。青少年要面对的一个很重要的发展任务就是确立自我认同。孩子在小的时候会天然地认同自己的养育者，而到了青春期，他们需要寻找自己作为一个个体在世界上的意义。青少年需要知道离开父母、离开家庭后，自己是谁，自己是一个什么样的人。在新的群体中，其他人的反馈如同新的"镜子"不断告诉青少年他们到底是谁。同时，通过与同伴的交流和互相反馈，青少年开始进一步了解不同的想法和情绪，更好地理解他人和自己，增强同理心，进一步发展心智化水平。

最后，同伴关系是成年关系的试炼场。在这个年龄段，让孩子掌握人际交往的技巧，学会自己解决人际困难和冲突，对孩子将来的人际交往会有深远的影响。像开头案例中的父母一样，很多父母会和孩子说，"现在最重要的任务是学习，不要管这些人际关系"。也有父母劝说孩子，"如果你不喜欢朋友，那就用成绩超过他"。殊不知，这些建议虽然能够暂时转移孩子的注意力，但是长远来看对孩子人际交往能力的发展是不利的。因为这些烦恼并没有被消除，而是被深深地压抑了，或者孩子学会了用诸如躲避或竞争等不成熟的方式解决人际冲突。当孩子长大成人，面对更多元、更复杂的人际关系时，没有解决的人际交往问题会以新的方式出现，而原来的处理方法也不管用了。

在与国内大学生和国外留学生工作的过程中我发现，学业上出现的问题，很多最终都可以归结于人际关系问题：或者是和导师无法很好地沟通；或者是因无法交到朋友感到孤单、日渐消沉；或者是朋友之间出现纠纷，因为处理不当而深陷其中。

因此，青少年对同伴关系的高度关注是有原因的。好的朋友和友情可以增强孩子的自信心和归属感，让他们拥有更好的情绪调节能力，并学习如何管理关系，这些将最终帮助他们成为独立的成年人。

父母依然重要：你能做的比你想象的还要多

很多父母知道在青春期，孩子的同龄朋友们很重要。因为朋友的一句话，孩子可能完全改变穿衣风格，假期中的青少年更愿意和朋友在一起共度时光而不想加入父母精心策划的假日旅行。面对孩子的这些变化，如果父母没有做好心理准备，很可能会感到失落和担忧。

　　青少年在某些方面可能会受到朋友极大的影响，这是正常的，以表明他们属于某个朋友群体。只要孩子的行为没有破坏性和伤害性，日常学习和生活功能没有受损，就不需要过分担忧。这恰恰是他们有能力尝试新事物的体现。

　　同时，父母在青少年的生活中依然承担重要的角色，在孩子的交友方面也影响巨大。在整个儿童期和青少年时期，父母都可以帮助孩子培养健康的社交技能。在幼年，父母可以帮助孩子学会分享和建立同理心；在儿童期，父母可以通过引导孩子思考各种解决方案来帮助他们应对争吵或争论；在青春期，父母则可以通过提出开放性的问题如"你觉得良好的友谊应该是什么样的"来帮助孩子评估友谊的质量，促进青少年思考友谊相关的问题，而不是对孩子的朋友及其行为肆意评判。

　　总体来说，父母和朋友在青少年生活中扮演着不同的角色。朋友更可能影响青少年的短期选择，如着装打扮和爱好。而父母则影响着孩子的长期决定——价值观和道德观。孩子需要你和你提供的"安全基地"。你需要提供一个稳定的、随时可返回的"后方基地"，让他们在需要的时候可以回到你身边寻求帮助。

　　下面，我们将展开谈谈青少年在友情方面经常碰到的问题及父母如何提供支持。

当孩子说"我没有朋友"

朋友在青少年生活中的重要性如此之大，以致没有朋友本身就是一种伤害。密歇根大学的一项脑成像研究表明，大脑的某些部位会被社会排斥激活，产生的感受就像身体疼痛一样。因此，被排除在外的感觉对青少年来说是深刻而痛苦的。正如本章开头案例中的男生，他所经历的痛苦强烈且持续。

在咨询中，当孩子说"我没有朋友"时，通常咨询师会进一步请孩子澄清这句话的意思。有的孩子的意思是"没有一个最好的朋友"。我们可以认同孩子的这种渴望。拥有"最好的朋友"当然很好，但几乎没有研究显示人应该有几个朋友或什么类型的朋友比其他类型更好或更差。更重要的是，孩子想要的是被爱、有情感联结、被接受的感觉。除了"最好的朋友"，也许有其他人可以提供这样的感觉。也许父母还可以引导孩子思考：怎样才算最好的朋友？如何让朋友看到你重视什么，以及你到底是谁？也许这样更有可能吸引志趣相投的人。

还有一些青少年说"我没有朋友"可能是暗暗地希望自己是学校"最受欢迎的人"。父母需要和孩子讨论的是：受欢迎程度是否真的有那么重要。和成年人一样，对青少年来说，对身心健康发展最有益的是建立亲密、深刻的关系。国外有研究曾经比较过"朋友不多但深刻"和"很受欢迎但都交情不深"的两个青少年人群，发现青少年时期有亲密朋友的人在 25 岁时报告的自我价值感更高，社交焦虑和抑郁水平更低。在亲密关系中，青少年表示自己更能"舒服地做自己"。

有的孩子说"我没有朋友"可能是和朋友闹了矛盾，不知道如何是好。家长可以帮助孩子了解冲突是人际关系的自然组成部分。即使是最好的朋友也会吵架，但并不是每次争吵都意味着友谊的结束。家长可以帮助孩子在有冲突时学会健康地表达，并知道何时从争论中休息一下、冷静下来。在社交中，误解很常见，冲突也很容易失控。在和孩子有冲突时，家长如何解决冲突也是孩子学习的榜样。

如果孩子说"我没有朋友"是初来乍到不适应新环境，那么家长可以帮助孩子制造交友机会：根据孩子的兴趣和优势，为孩子寻找一些课外活动，鼓励他们多参加社交或体育活动，这些场合里他们更容易找到志趣相投的伙伴；帮助孩子和朋友安排一些活动，如看电影、看比赛、逛街或者参观博物馆；鼓励孩子邀请朋友到家里做客，并确保给他们足够的空间；创造一些孩子不得不社交的机会，帮助他们练习社交技能，如社区的义卖、当志愿者或兼职等。

如果孩子说"我没有朋友"是缺乏社交技巧，那么可以教孩子如何参与对话。闲聊是一种可以练习的技能。对一些人看似很简单的交友技巧，对另一些人来说却不容易，对内向的青少年来说尤其困难。练习就音乐、校外活动或家庭作业等简单话题进行轻松、随意的对话可以帮助青少年学习如何保持积极的态度。同时我们也需要让孩子知道，即使作为内向的人，依然有其作为朋友的优势，如果不知道说什么，倾听本身就有极大的价值。

然而当有一些青少年说"我没有朋友"是指被排挤时，会引起我们的担忧。例如，有的青少年与任何朋友都很难维持友谊，在关系中不是一味讨好对方，就是尝试控制对方，有时甚至会制造一些麻烦，把自己推到人际关系冲突的漩涡中。如果孩子反复出现这样的问题，并干扰了正常的学习和生活，那么可以寻求专业人士的帮助。

当孩子和"坏朋友"在一起

一个成年来访者曾向我分享他的回忆："小时候爸妈总是打我，我也记不清楚因为什么事情，很多时候可能是成绩没有达到他们的要求。其实我小时候成绩挺不错的，但还是会挨打。到了初中，我的成绩也还可以，但我就是喜欢和班里成绩不好的学生或那些所谓的问题学生一起玩。我觉得他们很酷，看他们做一些老师家长不允许的事情，我感受到一种快乐。有一次，我和他们一起出去玩，很晚才回家，我一进家门，肚子上就吃了爸爸重重的一拳。我一点准备也没有，痛得蹲了下来，他说看我以后还敢不敢这么晚回家。后面我玩得晚了就干脆不回家了。"

这个来访者中学时看似"不良"的经历实际上是在表达什么呢？长期缺乏良性沟通加上身体暴力，孩子内心会充满悲伤、恐惧和愤怒的情绪。但当孩子很小的时候，这些负面情绪尤其是愤怒，是很难被他或她自己觉察到的，毕竟孩子只能依赖成年人生存。长此以往，孩子只能在外面寻找情绪的"出口"，内心的愤怒慢慢发酵成叛逆。而父亲气急败坏下的暴力又加重了这样的恶性循环。

父母都希望孩子的朋友聪明、善良、阳光，但当孩子的朋友让你很担心时，除了责备和阻止，还可以做点什么呢？

第一，让家成为一个安全、充满爱心和乐趣的地方。问问自己，如果你是十几岁的孩子，你的家是不是你想待的地方。如果答案是否定的，那么可以做些什么来改变。对于我的成年来访者来说，父母的暴力让他觉得愤怒，而这个愤怒无法表达。父母的苛责让他觉得，自己在父母心里，就像那些"坏小孩"一样不被喜爱。所以他会找到这样的群体来认同并释放攻击性。

第二，不要责怪。责怪孩子或孩子的朋友通常收效甚微。孩子的行为即使让人无法接受，也有其深层的心理原因。从某种程度上说，没有坏孩子，只有孩子因为某些原因做了坏选择。与其责备，不如问问自己，你的孩子选择这些孩子做朋友的原因是什么？

第三，打开沟通渠道。好的亲子关系是无可替代的，为此，父母应该把重心放在自己和孩子身上，先倾听而不是说教，让孩子感觉被理解和接纳，然后再诚实地表达你的担忧："我知道你喜欢你的朋友，但是我很担心的是，他因为总是破坏校规而被处分。我希望你好好的。如果你做同样的事情，我担心你也会被学校处分。这对你没有好处。"

第四，设定期待。理解孩子不意味着父母要放弃自己的立场。在耐心沟通的前提下，父母可以提出明确的期待和规则。虽然你无法控制孩子对朋友的选择，但是你可以明确对孩子的期待，如果孩子的朋友到家里来，也可以设立一些规则。

第五，提出问题。父母，不要对孩子的朋友及其行为发表意见，而是可以通过提问来帮助孩子评估友谊的质量，让青少年思考友谊相关问题，例如，"你喜欢他们什么""他们这么做时，你是什么感受"，等等。你和孩子都需要清楚，孩子到底需要的是什么。不管你相信与否，孩子心里有一杆秤，我们要做的，是帮助孩子听到内心的声音。

帮助孩子应对同辈压力

爸爸发现小南最近有些变化，她买了很多动漫海报贴在卧室的墙上，房间里也多了不少动漫玩偶，小南说这叫"手办"。因为她身边的同学都在追番[1]，小南总是插不上话，于是就注册了一个动漫网站的大会员，把同伴追的动漫全看了一遍，还找了一些同学都没有的资源。当她也可以头头是道地谈起动漫中的一个人物时，同学们顿时投来了羡慕的目光。她和同学一起去动漫节，甚至还创建了学校的动漫社，慢慢地在同学间越来越有影响力了。但是爸爸心里喜欢的是中国的传统文化，他有点遗憾女儿和自己的爱好不一样，还有点担心，听说国外动漫里会充斥一些色情和黑暗的内容，这些会不会影响自己的孩子？

小琪的妈妈某天接到了老师的电话，称小琪的宿舍老师发现小琪的行李中藏了烟。当小琪妈妈赶到时，小琪的脸上还留着泪痕。小琪说，自己只是看着朋友有，自己也感到好奇，在朋友的影响下，心情不好的时候自己也会"来一根"。后来，小琪和学校的心理咨询师聊天中提到，爸爸妈妈离婚后，妈妈心里很痛苦，埋头于事业，小时候根本顾不上自己。朋友对她来说是超越父母的重要存在。现在妈妈来管自己，已经太晚了。

同辈压力指的是同辈人在相互比较中产生的心理压力，它使个体为了得到同伴的接受和重视而选择做一些原本不会做的事情。它描述了青少年如何因为想让自己属于一群人或同龄人而塑造自己。这个词本身是中性的。同辈压力可能是积极的，青少年可能会因此

1.追番指关注某部正在连载，固定时间更新的动漫。

尝试新的活动，掌握新的技能，或者更多地参与学校活动，从而变得更为自信。同辈压力也可能是消极的，青少年可能会因此去做平时不感兴趣甚至有害的事情。

举例来说，同辈压力可能导致青少年做出以下行为：选择与同伴相同的衣服、发型或生活方式；和朋友听一样的音乐，玩一样的游戏，看一样的综艺；用一些同伴经常使用的口头禅和说话方式；冒险或违反规则；更多地或更少地参与学校活动。

其实同辈压力无处不在，成年人也无法避免。当你要购买当季流行款式的衣服，考虑换一个发型，计划购入什么牌子的新车，思考送孩子去哪个学校上学时，你是否也会考虑身边与自己属于一个群体的人的选择？和成年人一样，如果孩子清楚自己是谁，自己有怎样的价值观，那么就会更少受他人的影响。

亲子关系在这里依然重要。你的影响力会直接塑造你孩子的价值观和长期选择。这个影响力不是强求，或者因为你是父母所以孩子必须听从，而是在尊重孩子想法的基础上，能够进行良性的沟通和交流，促进孩子思考什么是更重要的，什么是更好的选择。

在群体中，孩子依然需要你的指导和帮助。《乌合之众：大众心理研究》（*The Crowd: A Study of the Popular Mind*）一书指出，个人一旦融入群体，他的个性便会被湮没，群体的思想便会占据绝对的统治地位，与此同时，群体的行为也会表现出排斥异议、极端化、情绪化及低智商化等特点。孩子为了融入群体，特别在开始融入群体时，需要隐藏自己的一部分需求，以获得群体的接纳，但是长期来看，孩子需要学会协调个人需求与群体需求之间的冲突。

家长依然可以对孩子产生影响力。例如，家长可以教青少年善待自己，用温暖、关怀和理解的态度对待自己。当青少年拥有这种自我同情时，它可以帮助孩子处理与同伴影响有关的压力和焦虑。

孩子的成长是一个长期的过程。如果孩子从父母那里得到了足够多的支持，那么他们更可能知道自己需要什么，更可能会选择性地做一些事情，而不是盲从。例如，孩子会选择和同龄人一起玩装扮游戏（cosplay），但却不会和他们一起做其他事情，如逃学。

帮助青少年了解和设立边界

边界是个体为了以某种方式保护自己免受伤害、操纵或利用而建立的限制。作为自我价值的表达，边界让他人知道你是谁，你重视什么，以及你希望被如何对待。健康的边界对和谐的人际关系至关重要，它不仅可以保护青少年远离不健康的关系、欺凌和其他危险，还可以帮助青少年建立更有价值的关系。

设立边界的过程有助于青少年认识到他们的感受和能够忍耐的极限是什么，他们可以清晰、诚实地传达这些感受和限制。设立边界可以让青少年知道与他人交流什么是可以的，什么是不可以的，这对青少年的友谊和以后的亲密关系至关重要；成为好朋友不需要在每个问题上都达成一致，例如，青少年会知道"我可以和你在社交媒体上互相关注，但不代表我要和你分享我的账号密码"或者"我知道你和那个人吵架了，但我不想因此也造谣她"。

设立边界的第一步是学会识别和标记不同的感受。这并不像听起来那么容易，孩子需要努力停下来思考他们在一些情景下的感受。他们可能知道自己很生气，但知道为什么生气同样很重要。教孩子相信自己的直觉。如果感到不对劲，那就是不对劲，不管他人是否认为自己过于敏感。每个人都要学会忠于自己，而不是成为他人期望他们成为的样子。让孩子明白如果朋友因为没有为考试做准备而让自己帮他作弊，此时的拒绝绝不是"不够朋友"。

设立边界还需要孩子识别不可接受的行为。青少年需要知道健康的关系或友谊是什么样的，互相尊重是什么样的。在这个时代，网络边界同样需要设立。父母可以经常和孩子讨论网络礼仪、网络安全，在不知道对方是谁的情况下，如何保护隐私，并与违背其价值观的人划清界限。

教孩子说"不"。设立边界很难，需要大量的练习。人们需要一些时间来思考如何拒绝。出于这个原因，青少年需要一些基本的短语来为自己争取时间。孩子需要学会有技巧地说"不"，在拒绝做不想做的事情的同时给同伴留面子。一些例子包括："让我考虑一下，然后回复你。""让我和爸爸妈妈说一下，明天让你知道结果。"或者，如果同伴递给他一根烟，除了说"这不好"，孩子也可以说"不用了，我咳嗽还没有好"或者"我不喜欢烟的味道"。

允许青少年在家练习设立边界。即使对一些成年人来说，设立边界也不容易。出于这个原因，青少年需要在安全的环境中与无条件积极关注他们的人一起练习。鼓励孩子在家中发展自主性和独立性，允许他们表达自己的意见并做出决定。例如，允许孩子对家人的一些要求说"不"并设定个人边界，让家庭成员知道他们有时需要关门，拥有独立的个人空间，或者家人外出聚会时他更愿意留在家中。

辨认"有毒"的关系——当孩子遭遇校园霸凌

校园霸凌指的是发生在学龄期的个体之间权力不平等的欺凌与压迫。还有学者将其定义为"一个学生长时间并重复地暴露于一个或多个学生主导的负面行为之下"。

霸凌通常有两个要素。第一是权力的不平等，霸凌者通常依仗体力优势或人气优势来控制或伤害他人。第二是重复性，霸凌行为是重复发生或可能重复发生的。其实，辨别孩子到底是玩闹还是霸凌还有一个简单的标准：就是"对事"还是"对人"。如果一个孩子或一群孩子持续地针对一个孩子不断找碴，则是"对人不对事"的霸凌行为。

隐蔽的霸凌

初中阶段可能是霸凌事件的高发期，这个阶段的青少年情绪多变，注重自我，脾气暴躁，容易感到尴尬，关心地位，极易被同龄人的意见左右。

研究霸凌的研究人员发现，霸凌情况的发生远不止眼睛看到的。例如，许多人曾认为欺凌只包括身体霸凌和辱骂。实际上，除身体和言语霸凌，还有很多种隐蔽的霸凌类型。

小琳是个沉默内向的女孩，有一天她鼓起勇气敲开了学校心理咨询室的门，没说两句眼泪就掉了下来。本来她和小蕾还有小舒三个人是好朋友，但是不知道为什么，小舒开始背着自己和其他女孩议论自己的不好，本来每天三个人一起吃饭，但是小舒每次都会先拉着小蕾离开，小琳有很强烈的委屈，但是又不想一个人吃饭，只好每次噔噔噔地追上她们，这又让她感觉屈辱。当她问小舒到底发生了什么时，小舒只是睁着无辜的大眼睛，假装什么都不知道。

这样的事情很可能是你童年或青少年某个阶段所熟悉的，但很多人对此不以为意，甚至觉得"你们不是朋友吗"。但实际上，这是一种已经引起学界重视的霸凌类型——关系攻击。

关系攻击是一种隐蔽的霸凌类型，有时被称为情感霸凌或社会霸凌，经常难以被父母和老师注意到。关系攻击是一种社会操纵，青少年试图伤害他们的同龄人或破坏他们的社会地位。关系霸凌者经常排斥群体中的其他人，散布谣言，操纵局势并破坏信任。关系攻击中的霸凌者的目标是通过控制或欺负他人来提高自己的社会地位。

有研究者认为，女孩往往比男孩更多地使用关系攻击，尤其是在青春期的女孩中间。被关系攻击的青少年可能会被取笑、侮辱、忽视、排斥和恐吓。

记者蕾切尔·西蒙斯（Rachel Simmons）在《女孩们的地下战争：揭秘人际交往中的隐性攻击》（*Odd Girl Out: the Hidden Culture of Aggression in Girls*）一书中指出，我们的文化不允许女孩置身于公开冲突之中，她们因此被迫采取非肢体接触的、间接和隐蔽的形式进行攻击。女孩通过背后说闲话、排斥、造谣、辱骂及操控来引发受害者的心理痛苦。男孩通常欺负泛泛之交或陌生人，而女孩则往往攻击亲密的朋友，这令攻击行为更难被识别，受害者的痛苦也会随之加剧。

什么样的孩子更容易遭遇霸凌

人际关系在青少年的生活中如此重要，以致很多人因为害怕孤独而宁愿忍受糟糕的关系，也要竭力维持友谊。对缺乏来自家庭的安全感和支持的小琳来说，即使不好的关系也总比没有关系好，她宁愿忍住屈辱感去追赶两个女孩，也不想一个人在食堂吃饭，体验孤独的感觉。

对有些孩子来说，不好的关系总比没有关系好。小琳的父母常年在外地忙于工作，小琳平时主要由爷爷奶奶照顾，父母给小琳打电话时甚至回家时也只是叮嘱她要懂事、好好学习。当在忽视中长大的小琳需要支持时，并不知道可以向谁求助，也并不习惯"麻烦"家长，所以只能自己消化。在和父母的关系中，她感到被遗弃和忽略，虽然痛苦，却也是她所熟悉和习惯的。当她面对同伴的冷落和欺负时，她感到无助和痛苦却无法反抗也无法离开，这恰恰重复了和父母的关系模式。

以下类型的孩子有更高的被霸凌风险：被认为与同龄人不同的孩子，被认为弱小和无法自卫的孩子，感到焦虑、抑郁和自卑而没有引起成年人关注的孩子，朋友较少的孩子，无法与他人融洽相处、被认为是讨人厌的或挑衅的孩子，或者为了引起注意而对抗他人的孩子，但以上孩子表现出的行为并不构成被霸凌的原因。

值得注意的是，不管是霸凌者还是被霸凌者，本身都可能有严重和持久的问题。在霸凌他人的孩子中，一些人与同学关系密切、拥有社会权力（例如，家庭条件优越，成绩突出或某方面突出，甚至在学校班级担任干部角色）、过分在意自己的受欢迎程度，以及喜欢支配或掌控他人，还有一些人具有攻击性或容易受挫，父母对其生活的参与度较低或其家中存在问题，对他人的评价较低，难以遵守规则，觉得暴力是解决问题的方法。如果成长在缺乏爱、支持和共情的环境中，孩子可能会认同攻击者，将人际关系视为一场关于权力、控制和支配的游戏。有的孩子通过欺凌他人而让自己感到强大和有力量，以此来防御内心的无力和空虚。

想提示家长的是，因为一些霸凌很隐蔽，所以家长主动关注孩子的状态很重要。被霸凌的孩子可能不会主动求助，所以家长可以找个机会跟孩子谈谈霸凌这个话题，帮助他们反思自己的人际关系。

面对霸凌，父母可以怎样支持孩子

事实上，只有极少数的遭受霸凌的孩子会主动寻求帮助。因为孩子感到无助和屈辱时，会担心自己被认为是软弱的，同时也害怕受到打击报复。还有一些孩子觉得说了也无法得到帮助。对于关系攻击，心智化能力尚在发展中的孩子容易感到"有苦说不出"。在这种情况下，父母如何帮助孩子呢？

捕捉信号。如果你发现以下这些情况，需要提高警惕。不管是发现受害者还是施害者都对预防和阻止暴力有好处。

如果孩子身上有不明伤痕；总是丢东西，如衣服、书籍、文具等，即使刚买不久；经常感觉头痛或胃痛，甚至装病表示不想去学校；饮食和睡眠习惯突然发生改变，例如，吃不下或暴食，睡不着或做噩梦；成绩卜降，对学校失去兴趣；突然逃避社交场合；表现出无助感，以及出现自伤或自毁的信号甚至行为等，这些都在说明孩子碰到了自己无法解决的困境。

如果孩子经常打架和吵架，欺负同伴，表现出越来越多的攻击性，经常被留校和被老师报告，有来历不明的财物，把问题归咎于他人，无法为自己的行为承担责任，争强好胜等，那么家长必须提高警惕。如果孩子的问题已经很复杂，就需要专业人士的帮助。

父母有同理心并积极倾听对孩子的帮助最大。父母的同理心是深陷于社交冲突的孩子最希望得到的。这并不容易，因为父母听到孩子"受伤"时通常都义愤填膺或焦虑无措。这里不妨做一下换位思考，如果你在工作里受了委屈后回家和伴侣诉说，你想得到什么？是马上给你一系列意见，还是评判你的对错？恐怕都不是。大部分伴侣都承认，如果对方能倾听，并且首先在情绪上站在自己这边（有同理心），会让自己感觉好起来，然后解决问题时才能更心平气和。

孩子也一样，被欺负的感觉伴随着耻辱感。当我在学校里做心理咨询师时，会问到是否需要把情况告诉家长，基本上所有的孩子都会立刻拒绝，"别！爸妈肯定会说是我的错""不希望父母觉得朋友很糟糕，因为交什么朋友就说明自己是什么样的人"。

父母需要慢下来，承认并共情孩子受伤、被拒绝或悲伤的感受。"听起来太可怕了""换作是我，我也会感到很……""你现在肯定很难过"等都是有效的回应。你也可以答应孩子一些特殊要求，例如，晚一些去学校或准备特别美味的晚饭，问问孩子怎么做能让他感觉好一些。

避免不恰当的安慰。"每个人都经历过"这类回应会让孩子觉得家长希望自己"小事化了"，这会加重孩子的挫败感。对社交不成功的羞愧是孩子不愿意告诉家长的很大一部分原因。与"我当时就说别和她玩""是你做了什么才会让对方这样呢""你是不是太敏感了"这类说法相比，更好的说法是"要不要我陪你一起想下为什么会这样""你觉得她为什么要这样""你怎么看出他不是在开玩笑？你确定他们是故意让你难过吗"，等等。

对青少年的痛苦带着好奇提问是安抚他们和促进他们反思和自我帮助的好方法，包括问问他们遭遇了什么，感受如何。

表达同理心之后，与孩子进行深入讨论。以下是一些做法示例。

○ 询问他们对这样的友谊怎么看："你希望好朋友是什么样的，这个人是这样的吗？""当你任由她这么做时，你会让她感觉到你是什么样的人？"这是你帮助孩子建立世界观和理解什么是好关系的好时机。

○ 问问他们有什么解决方法，罗列在相关情形下孩子可以想到的所有应对方案，例如，和成年人聊一聊，问对方为什么这么做，等等。

○ 问问孩子会选择什么应对方式，理由是什么，然后预想做出该选择可能会产生的结果。

以上这些示例，其实是在帮助孩子学会自己解决问题。

干预和求助。在尊重孩子和充分讨论的基础上，与学校联系。你可能希望从老师那里获得更多的信息，了解孩子在学校内的社交情况。同时你也可以观察孩子在学校之外的社交关系，例如，从兴趣班老师那里了解情况，并对获得的信息保持开放的态度。实际情况可能是很复杂的，但是多了解总比少了解好。如果要与老师正式会谈，先了解学校的规章制度，提前想想你从学校那里能获得什么支持。不要感情用事去攻击另外一个孩子，保持镇定。当孩子需要进一步的支持（如心理咨询师甚至精神科医生的帮助）时，积极寻求帮助。

与对方家长联系可能会有风险，也可能不会。对方家长的反应并不是你能控制的。但至少你的态度是自己可以掌控的。提前约时间，保持冷静并描述事实，对对方家长的一些反应提前做准备，例如，当对方说"你是不是过激了"时，记住你是在为孩子保持镇定，同时你是在为两个孩子（霸凌者和被霸凌者）用更好的方式解决问题和成长而沟通。我见过最糟糕的情况是，两个孩子的矛盾引发了双方家长的矛盾，双方家长没有办法冷静下来，矛盾不断升级，很快闹到了家长群，并在家长群拉帮结派互相攻击。

转学/结交新朋友。这些方法都有风险，也需要谨慎为之，但这也是解决方法之一。有些孩子到了新环境感觉松了一口气，有些孩子则带着旧有的行为模式在新学校重复同样的故事。如果孩子在每次的纷争中也起了推波助澜的作用，把自己陷入矛盾，那么了解孩子的动机，及时干预孩子的行为就尤为重要。家长需要了解孩子的行为，了解孩子的困难，了解孩子需要哪些帮助，以及家长可以做些什么。这些都需要家长有智慧地处理。

除了上述这些方法，很重要的、从根本上尽早预防和补救的方法是：鼓励孩子在日常生活中实话实说，学会正面冲突。如果我们习惯了遭受委屈时向第三者诉苦，那么是时候让真正惹我们的人知道我们生气了。很多人觉得正面冲突会破坏友谊，带来灾难，但正面冲突也是改善关系的绝佳机会。说出自己真实的感受、表达愤怒可能会赢得尊重。如果一段关系无法接受真实，那么青少年们应该问的是，这样的关系值得拥有吗？

父母贴士

随着朋友对青少年越来越重要，孩子和同龄人相处的烦恼也会越来越多。有时，孩子为友谊烦恼的程度超越父母的想象。他们会在意自己在同龄人眼中的形象，会因为朋友的一句话而难过很久，会为朋友间闹矛盾而感到为难，会非常在意自己是否被同伴接纳。

为了解决孩子的痛苦，有的父母试图成为孩子"最好的朋友"，或者试图建立一个他们认为可以长久维持的社交网络。事实上，父母应该避免过度依恋孩子或参与孩子的社交生活，父母需要知道这一点：这是你孩子需要面对的问题，而不是你需要面对的问题。友谊的起起落落是学习亲密、忠诚和承诺的排练场。如果你干涉太多，就剥夺了孩子学这些课程的机会。

但这并不意味着你什么都不需要做。有良好亲子关系的青少年往往能更好地建立并维持友谊。父母能提供温暖和情感支持的青少年不容易在友情中患得患失，更容易识别和脱离不良的友谊。而缺少父母关怀或父母关系不好的青少年拥有更低的自我价值感，更容易草率地建立异性关系，也更容易陷入"有毒"的友谊。

倾听孩子的想法和感受，收集信息。当孩子因社交而沮丧时，你需要先安抚孩子的情绪，当他觉得足够安全时，才会真正吐露自己的烦恼。在与孩子交流的过程中试着寻找孩子交友困难的原因，是缺乏社交技能，没有社交机会，还是没有信心或是对方的问题。

避免让自己的情绪干扰孩子，孩子对朋友的需求和你对孩子交朋友的期待可能是不同的。也许你是内向的人，需要一个人静静待着汲取能量，而孩子可能是外向的人，需要在朋友中获得快乐。情况也可能正好相反。总之，不要期待孩子的想法和你的一样。另外，父母可以回想自己青少年时的友谊带给自己的影响和情绪是怎样的，这部分又会如何影响你看待孩子的情况。

第五章

与世界的关系：我可以成功吗

"原来我和父母的关系还影响着我和领导的相处！这么说来，这种感觉真的好熟悉。"

坐在我面前的是一位 30 岁出头的年轻女性。当她第一次见我时，第一句话就是："我一看见我的直属领导就有情绪，就会身体不舒服，我这个情况是不是心理有问题？"

通过谈话，我了解到，这位女士参加工作已经十余年了，在这期间，她非常努力，不仅本职工作做得出色，还获得了大大小小的奖项，现在已经是单位的中层领导。但是因为长期加班和精神紧张，她的身体健康每况愈下。她的直属上级是一位非常严肃公正、以身作则和强调奉献精神的人，所以作为下属的她经常会承担很多任务。她经常在下班后接到电话，加班加点地忙碌。

因为身体原因，她不得不经常去医院。有一次她挂上了专家号，需要工作日去。但和上级请假时，她却遭到了拒绝，理由是有个很重要的会议，"应该妥善处理工作和生活的关系，建议在工作时间之外照顾自己"。这一次她特别崩溃，希望争取一些理解，于是和领导在微信上争执了起来。事后，她一方面感到愤怒，另一方面又觉得自己挑战了领导，感到内疚和不安。

似乎她在努力当一个"好员工"，让领导满意，并压抑了自己休息的需求，但实际上在这过程中，她的委屈和愤怒一直都在。当我问她，这种感觉熟悉吗？她回忆起自己一直是个听话的孩子，小时候父母在外地工作，在她快上中学的时候一家人才团聚。"他们一回来就开始管我的学习，我一开始挺抗拒的，好不容易回来了，怎么只关心我的学习呢？我想和其他孩子一样和爸爸妈妈一起玩。但是他们说回来都是为了我，如果不好好学习就不陪我了。于是我很努力地学习，因为只有我的成绩好了，他们才会开心，那个时候我才会觉得他们是喜欢我的……我爸爸妈妈挺严肃的，不苟言笑，总是要求我严于律己。记得高中时，我没日没夜地学习，生了好大一场病。虽然当时很难受，但我好像还有点小窃喜，甚至觉得这样就可以享受他们的照顾了。"

经营好亲子关系就是为孩子未来的事业助力

"好孩子"长大后的成就危机

全世界的家长和老师都爱好孩子——不打架、不说谎、按时上学、守规则、有礼貌、诚实、乐于助人等。但很多人对"好孩子"的定义还包括另一层意思，即乖顺——好脾气、顺从、不以自我为中心、体谅父母、乖巧听话，最好成绩也拔尖。

然而，每当咨询室出现"好孩子"（或称"乖孩子"）时，总会让我想起英国精神分析学家唐纳德·温尼科特（Donald Winnicott）提出的"假性自体"的概念。每个孩子都有自发的行为和需求，这是他们作为个体发展的一部分。如果照顾者接受并欢迎孩子的自发性，那么孩子会产生"真实地活着"的感觉。相反，当照顾者总是不给予积极的支持和接纳时（通常意味着对孩子严重的忽视），这意味着孩子得通过隐藏真实的需求来保护自己，他们学会了只展示照顾者想看的东西，"乖孩子"就是这种情境导致的结果。这样的孩子看似懂事、听话和省心，但因为真实的自我不被看见，在长期发展中会遭遇很多潜在的困难和阻碍。另外，"好孩子"总是会听到很多要求和标准，长此以往，外在严苛的声音慢慢变成了他们自己的一部分——内心深处总是被内疚和自责折磨。

长大后，他们需要不断取悦他人，他们担心不这样做会招致失望。同时，他们内心深处特别需要肯定，需要外界不停地反馈，从而确认自己是否做得好，如果他们期待的反馈没有来，就会触发一直以来被压抑的愤怒。

在事业方面，长大后的"好孩子"会觉得自己生活的主要目标是获得成就，而这背后最深层的甚至不被察觉的动因也许是取悦父母。他们依然会尽其所能地做权威、外界或长辈希望他们做的事，即使这件事他们并不喜欢，他们甚至害怕自己内心深处的真实想法被发现。而"乖"和"懂事"的代价是丧失自我、内驱力和意义感。

"到了大学，老师不再像初高中那样给出详细的安排，没有人告诉我应该复习什么，怎么复习才是对的。遇到问题时，我总等待他人来帮助我，但是我知道没有人会永远帮我安排好学习和生活，而且我也不愿意过这样的生活了。"一位遇到学业困难的名校本科生在咨询室里这样说。

从表面上看，这位来访者缺乏学习动力，但是表面问题的背后是个体的自主性被压抑，是对人生掌控感的缺失，是自我发展的不完整。而此时，曾经的"好孩子"则很容易出现挂科、找工作迷茫等发展危机，甚至停止对这个世界的探索。

亲子关系是与权威的关系的雏形

很多人不知道的是，我们与父母的关系是我们与之后生命中出现的领导、上司、权威之间的关系，甚至是与工作本身关系的雏形。因为父母是我们生命中第一个对我们有绝对控制权的人。

一个孩子必须依赖父母的照顾才得以存活。所以孩子为了获得照顾和爱，天生会寻求父母的赞同和认可。在持续不被看到（关注）的情况下，有些孩子不得不隐藏自己的需求和愤怒，转而去满足照顾者的需求，以求照顾者不离开自己。但是他们的内心是愤怒的，只是这种愤怒被压抑了，甚至孩子自己都觉察不到。

随着年龄的增长，这些被压抑的需求和愤怒、悲伤等情绪会越来越强烈。当孩子长大成人后，压抑自己的需求满足对方的心理惯性，以及一直未被满足的心理需求，会被投射到人际关系中，特别是与生活中的权威人士的关系中。

本章开头案例中的那位年轻女士就是一个很典型的例子。在她拼尽全力工作的背后，藏着"我只有做出成绩，才能让爸妈认可我"的童年时的逻辑。而每个孩子都希望被无条件地接纳，在"我只有……才能……"的背后必然伴随着委屈和愤怒。她的病就好像在控诉："你看，我为了你如此努力，把自己弄成了这样，你满意了吧？"而且，当这些"内心戏"被投射在外界环境中时，也就意味着，她期待着权威人士能够满足她早年未被满足的愿望。可实际上，未被满足的童年需求，要如何在工作关系中得到满足呢？这显然是不现实的。

"其实我知道我最后还是可以去看病的，我和领导吵起来，其实是希望他能理解我的委屈。好像即使他同意了，但是如果没有看到我的不容易，我也会觉得委屈和生气。我现在才意识到，我把个人的愿望，放在了上下级的职场关系中。"

通过心理咨询，文章开头案例中的这位女性可以重新审视自己和父母及权威的关系，并做出改变，但她也已经为此付出了很多代价。她的后续职业发展，很可能会因此受到影响。由此我们可以发现，父母是否真的尊重并看到孩子，能否听到孩子的声音，对孩子的影响可能是终身的。

没有完成分离–个体化的个体，个人边界是难以划清的，他们更习惯于觉得"我的就是你的，你的就是我的"。很多父母认为这体现了对孩子的爱。恰恰相反，这是父母自身没有完成分离–个体化，感到匮乏，从而需要从孩子身上寻求一种理想化的完美关系，是一种补偿——自己没有从父母处得到的亲密感，需要自己的孩子来给予；自己没有完成的愿望，可以由孩子来完成；孩子的发展好坏，就是自己的成败。但是这样做，会剥夺孩子作为个体的自主感。渐渐地，孩子的边界也会变得不清晰。步入职场后，他们也会与权威之间出现矛盾。

我不由想起另外一个故事。我曾听一位很成功的女性高管分享成长经验，她说，正是因为她与爸爸关系很民主，也很轻松，所以她在与男性领导为主的上层打交道时感到毫不费力。她能很自然地提出自己的需求，也能努力为自己的部门争取资源，并在相对轻松的氛围中为自己和部门同事划清职责边界。

什么样的亲子关系可以养出自信、负责，能够自在地表达自己的需求、权利或偏好的孩子呢？

研究发现大部分父母的教养方式可以被划分为四类：权威式、专制式、放纵式和忽略式。在不同的教养方式中，权威式育儿堪称最健康、最有效的"黄金标准"：家长付出努力建立和维持与孩子的积极关系，设立规则并解释这背后的原因，能够有效地执行规则，在考虑孩子感受的前提下也让孩子承担后果。

父母可以民主、温暖，同时也告诉孩子纪律和规矩。权威式养育方式带来快乐、自信、高复原力的孩子，同时也让孩子更容易成功。

内在动机才是永动机

发展的黄金时期，孩子怎么"躺平"了

青春期是人一生中大脑发育最活跃的时期，这意味着青少年有超强的学习力和对世界的好奇心。儿童研究运动的发起人格兰维尔·斯坦利·霍尔（Granville Stanley Hall）在 1904 年这样描述过青春期——这是人生最好的十年。这个年龄段的孩子对成年人实施的各种最佳教育举措都能快速反应。在这片心灵土壤中，只要是种

子，无论好坏，都能深深扎根、繁茂生长，并迅速结出硕果。

毫无疑问，家长都希望种下的种子结出硕果，但是如果你能去医院的心理科走一趟，看到在排队等候的人群中青少年所占的比例，你大概会感到吃惊。儿童心理科门口更是排起长龙。而几乎所有青少年被父母带去看医生的原因惊人的一致：厌学。

作为心理咨询师，我见过数不清的父母因为孩子的学业来寻求帮助。家长痛心疾首：大好的学习年龄，孩子却不愿意去学校、没有动力、学不进去。孩子为什么会"躺平"？

"躺平"是这几年在年轻人中很流行的一个词，是指用无所作为的方式反叛裹挟和过度竞争。这固然是一种用低欲望来放松自己的生活方式，但作为见过很多在学业中"躺平"的年轻人的咨询师，我知道，这个词的背后充满着挣扎和无助。事实上没有孩子能忽略父母的期待而真正"躺平"，这不过是孩子在压力和无助中"僵住"的自我保护方式。

孩子的"躺平"很可能是一个信号，症状的背后可能是其他方面出了问题。解决学习问题虽然很重要，但有时"治本"的方子却需要先把孩子的情绪和家庭氛围调整好（本书第五部分将会用专门的篇幅来探讨厌学现象的原因和应对方式）。

父母对孩子"躺平"的态度通常是抱怨孩子"没有毅力，没有恒心"。而对孩子来说，学习让他们觉得没劲，因为学习似乎是一件父母安排的无休止的苦差事，明明什么都做了，却什么都得不到。

即使学习，也不会有自由

"好不容易放学回家，又得去补习。"

"反正做完作业，他们还会给我布置额外的练习。"

即使学习，也不会被承认独立性

"即使我考得好，我还是得按他们说的做。"

"什么都被安排好了，我除了学习不知道还能干什么。"

即使学习，也会被责骂和贬低

"我即使真的努力学了，如果我的分数不高，我妈妈也会说我没用，一文不值。"

"我也想好好学，不过他们天天说我做不好，总打击我，说我不如别人，我气极了。"

父母是否还记得，孩子很小的时候开始学会自己玩耍的场景。宝宝会在你的视线范围内自己玩耍，但是每隔一会儿，他一定会回头看看你是不是在那里。宝宝开始自己探索世界的前提，是他需要和你分离，也需要知道你在那里。其实孩子长大后也一直在重复这样一个画面，无论是学业，还是事业，当他走出家庭，开始学习与世界相处的时候，虽然需要父母放手，但也需要父母提供的支持。

保护孩子的内在动力

根据文献和经验，在孩子 10 岁前，父母的关注和投入与孩子的学习成绩是成正比的。因为孩子刚踏入学校，需要家长的陪伴来养成良好的学习习惯，孩子此时也比较愿意听从父母的教导，让父母高兴。因此父母对孩子的关注和投入本身并没有问题，问题通常出在父母不科学的引导方法上。

父母通常采用传统的激励策略，更关注结果而不是过程。通过简单的表扬或惩罚，的确能够让孩子表现更积极，但效果通常是短暂的，甚至适得其反，导致孩子的内在动力降低。本来孩子学习新知识，还有爸爸妈妈的陪伴，已经足够快乐，如果父母总是用物质奖励孩子，那么孩子的注意力就会从"好玩的学习过程"转移到"得到即刻奖励"上。而学习任何事物到了一定程度，都需要更辛苦的投入，反复的练习，被"奖励"惯了的孩子通常没有足够的内在动力，并且更容易感到无聊和压力。

还有一些父母倾向于不停地"激励"孩子。却不知这些所谓的"激励"对孩子而言其实是压力。假设你的领导每一天都和你重复以下这些话："今天的工作怎么样""你写报告的时候我就在你边上看着""你怎么连这么简单的工作都会出错""如果完不成业绩，那你就等着瞧吧""不要忘记我们的年度目标啊""你看看组里的其他人，都比你做得好"……你会有什么样的感受？

过多的压力不仅不能激励孩子，还会给孩子的大脑发育带来负面影响。压力过大，会让多巴胺直线下降，青少年很容易感到"什么都不想做"。虽然青少年的大脑在快速生长的阶段，但这也意味着他们更脆弱，大脑更容易受到压力的影响，青少年的情绪调节也更脆弱（本书第二部分会有关于大脑更详细的阐述）。

面对父母的唠叨和提醒，青少年更容易失去学习动力，并对父母和学校的要求表现出反感。事实上，父母可以为孩子做的最好的事情之一就是消除生活中的慢性压力源。

可悲的是，有些父母正是青少年长期慢性压力的重要来源之一。这些父母每天都唠叨，天天提醒孩子"考不上大学人生就会完蛋"，总是在书桌旁盯着孩子是否完成了作业，并无休止地把孩子和其他人做比较。这些喋喋不休很多时候是父母自己焦虑的体现。适当的提醒是善意，过多的提醒只会让孩子觉得不被信任，觉得父母在说"你还不够好""你不行"。

如果父母过分希望孩子延续自己的成就，而总是忽视孩子的意愿，抑或父母将自己想成功的强烈渴望投射到孩子身上，那么这些都会将孩子压得喘不过气——背负太多，插翅难飞。

父母需要反思自己的养育态度，对孩子的正向行为做出反馈并肯定他们努力的过程，多关注孩子积极的一面。父母越关注孩子什么行为，这个行为就越容易保留下来。因为每个孩子都渴望与父母亲密和连接，如果自己的好行为得到"注意"，那么孩子会愿意做更多这样的事情。此外，努力的过程比好的结果更需要回应。关注努力的过程是帮助孩子了解自我的过程，这会让孩子知道自己的优势在哪里，弱势在哪里，清楚哪里可以改进，这种对自我的清晰了解会伴随孩子的一生。

助力孩子的职业探索

在一次与家长的会谈中，谈到孩子高中毕业后的专业选择时，家长说："他肯定要学理工科。那句老话没有错，学好数理化，走遍天下都不怕。而且他是一个男生，一定要找有发展前景的行业。"

我问这位家长："你觉得孩子的兴趣和优势是什么呢？你觉得他是什么样的人，会对什么产生持久的兴趣？"

家长笑道："工作就是工作，兴趣不能当饭吃。"

人们在选择职业时会听到各种各样的建议："挑个能赚钱的""女孩子稳定一点就行了""这个职业很体面，说出去多好听"。

我们会花很多时间在工作上，日复一日，年复一年。做一份自己喜欢的工作无疑会让生活更有幸福感。在高校的心理咨询中心，我见过很多中学时成绩优异，在高等教育阶段却不喜欢自己专业的学生。还有很多青年，进入社会后开始困惑自己的职业发展和选择。同样的事情也发生在其他国家的年轻人身上。

　　造成这种现象的很大一部分原因是孩子没有足够的生活经验，也缺乏职业规划和学术建议来选择专业。所幸的是，家长可以帮助孩子做一些事情，让他们做出更好的选择。

不要把孩子当成自己的"延伸"

　　也许你热爱自己从事的事业，已经在一个领域有所建树，但别以为孩子一定想继承你的"衣钵"。孩子是一个独立的个体，他或她可能对你的工作或你的母校不感兴趣。另外，接受孩子可能是一个普通人，做一份普通的工作，是家长必须完成的课题。我遇到过一个很智慧的妈妈，她说她经常会提醒自己看看数学正态分布图，告诉自己即使父母很优秀，孩子也可能会回归平均值。

帮助孩子发现长处和兴趣所在，帮助孩子了解自己的性格

　　父母可以寻求专业人士的帮助或自己帮孩子进行职业生涯评估和规划。与其问你的孩子长大后想成为什么样的人，不如问与他们最喜欢的事或爱好相关的问题：你觉得你的爱好有什么有趣的地方？你的爱好能让你放松或锻炼你的大脑吗？你喜欢解决什么样的问题？它们有什么特别之处和独特之处？

同时，家长可以使用一些测评工具[1]：兴趣量表诸如霍兰德职业偏好量表（Holland Code 又名 Self-Directed Search，SDS）、斯特朗兴趣调查表（Strong Interest Inventory）可以用来帮助了解职业偏好；工作价值观量表诸如修订版萨柏工作价值观问卷（Super's Work Values Inventory-Revised，SWVI-R）可以用于确定个人与工作相关的价值观，以便个人做出与自身价值观相匹配的工作选择；人格量表诸如迈尔斯 – 布里格斯人格类型量表（Myers-Briggs Type Indicator，MBTI）可以帮助个体了解自己和他人，以及他们如何以不同的方式处理问题。虽然不建议仅根据一个评估结果就做出重大决定，但结合各个评估并在结果中寻找规律是有帮助的。同样，如果孩子对与他们天赋不匹配的职业感兴趣，也不意味着马上放弃该职业。重要的是集思广益，和孩子一起思考怎么把他们与生俱来的优势发挥到最大。

保持耐心和鼓励

孩子的任何探索都需要一个过程。家长可以让孩子参加各种活动，看看什么能激起他们的兴趣，让他们接触自然、艺术、科学、博物馆、旅行、人……如果他们对某个主题感到好奇或表现出兴奋，请鼓励他们更多地了解该主题。如果孩子对某一条职业道路表

---

1. 内容参考了《心理评估：过程、诊断与技术》一书。

现出浓厚的兴趣，可以帮孩子在该领域找到一位"导师"，进行进一步接触。鼓励孩子找到自己的兴趣团体，如运动、志愿者社团或俱乐部等。孩子选择和谁一起出去玩会极大地影响他们的梦想。同时，给孩子树立一个好榜样。孩子会观察你的一举一动，孩子看到你从事自己真正热爱的职业时，他们会知道他们也有可能找到并从事自己喜欢的工作。

父母贴士

中国的老话讲，望子成龙，望女成凤。希望孩子在人生中获得成功是刻在每一位父母基因中的愿望。也许我们可以思考的是，成功是什么？父母认为的成功是孩子想要的吗？

成功的定义有很多，在很多家长的成长环境中，获取生存资源，获得物质的富裕是很多人的追求。而对已经不用解决温饱问题的孩子们来说，他们追求的是美国心理学亚伯拉罕·马斯洛（Abraham Maslow）所提出的自我实现。自我实现指个人在追求具有挑战性目标的过程中体验到情绪的高潮及实现成长。

生物进化的本能给所有成长中的动物都提出了挑战——离开父母也能够独自生存下去。我们的青少年和年轻人也当然渴望在外面的世界中有一席之地。

　　孩子能否成功，与自主性和动力的正常释放有关，也与他们对自己能力的确认有关，还与确立真实的自我有关。在青春期，家长能做的是祝福孩子，让孩子去定义自己的成功。正如电影《热辣滚烫》中，杜乐莹最后没有真正赢得比赛，但是她在这个过程中有了自己的目标，她完成了自己的目标，有了建设性的意义，所以她是可以自己去定义赢和成功的。虽然她没赢得比赛，但是她在自己的定义中赢了，这就是一个人发展良好的表现。

　　我们养育孩子的目的不一定就是为了世俗的结果。而是让孩子能独立，能真实地活着，能感受到关系中的能量和滋养，能够自己去定义赢和成功，并且在自己的定义中做成自己想做的事情。如果父母养育出了拥有以上特质并能为自己负责的孩子，那么我们应该为自己感到骄傲。

第二部分

青少年的大脑

作者：章扬清

在第一部分，我们了解了青少年发展的心理特征及可能面临的相应困难和挑战。与此同时，要想给孩子提供恰当的支持，我们也要对青少年的生理发育特点有所了解，尤其是大脑发育特点。随着人们对脑科学的进一步研究，人们越来越认识到，以前被视为不成熟的表现实际上可能体现了一种认知、行为和神经上的灵活性，基于这种理解，父母能够为青少年探索并适应他们不断变化的内心和外部世界提供空间。在此过程中，父母越是对大脑的发育特点有清晰的了解，就越能够通过塑造环境促进孩子良好的发育。有研究显示，环境对大脑发育的影响重大，会持续到二十几岁甚至更久。因此脑科学知识的积累，将使父母对孩子的引导更加游刃有余、有的放矢。接下来，让我们一起来了解青少年的大脑，以及父母该如何更好地利用脑科学知识帮助孩子。

第六章

青少年的大脑知多少

青少年的大脑处在特殊的发育时期

青少年的大脑在其行为表现和心理发育层面究竟扮演了怎样的角色？很多父母都在努力学习，试图理解青春期孩子的变化，他们学习了很多心理学、教育学知识，却很少从神经发育（大脑发育）层面理解孩子的发展。因此，大众对于青少年的大脑发育特点和行为表现，还存在很多认知误区。

例如，很多人觉得青少年应该有足够好的自控力和自省力，如果没有，那就是他们"态度不端正"；还有人认为人的智力在青春期或更早的阶段就稳固下来了，不会再发生改变；或者简单地把青少年的行为归因于"都是激素惹的祸"，认为此时的大脑是累赘和负担，青少年是"危险分子"，容易伤害自己和他人；等等。

其实青少年自己也在经历困惑和挫折：为什么我会有这种感

觉？为什么我无法理解自己的情绪？为什么他人无法理解我的行为？为什么我无法控制自己？只有我这样还是其他人也一样？我该怎么办？

　　事实上，青少年的大脑既有其局限之处，也有着独特的优势。脑神经科学的进一步研究显示。第一，人们越来越认识到，以前被视为不成熟的表现实际上代表了一种认知、行为和神经上的灵活性，这种灵活性为青少年探索和适应他们不断变化的内心和外部世界提供了支撑。因此，青少年的学习能力其实相当惊人。第二，青少年与儿童和成年人的不同是有其生理神经基础的，但环境对大脑的塑造、影响同样重大，会持续到二十几岁甚至更久，我们完全可以通过优化环境来促进青少年大脑和思维的发展。

主导青春期重要变化的激素和脑区

　　婴儿降生时，大脑的体积只有成年人大脑的 40%，是人体中发育最不充分的器官。大脑在青春期早期达到最大物理体积，但并不意味着它已经成熟了。大脑的发展会一直持续到 20 岁及以后。

　　大脑有很多重要的区域，而理解青春期，我们需要了解大脑的几个重要组成部分。

前额叶皮质：大脑的命令和控制中心

前额叶皮质是额叶中高度发达的部分，负责大脑的执行功能，在调节复杂的认知、情感和行为功能时有重要的作用，涉及与特定行动、判断、推理、冲动控制或行为抑制等相关的风险评估。

当我们这些成年人觉得自己文明而稳重，有着成熟的思考、计划，能够解决各种生活和工作问题并因此而感到高兴时，实际上我们应该感谢前额叶皮质。成年人的前额叶皮质已经完全发育，并与大脑的所有其他部分相连。因此，成年人的大脑是作为一个整体工作的，整合来自所有领域的信息并做出明智的决定。但前额叶皮质的发展却不是与生俱来的。青少年的前额叶皮质虽然发育迅速，但尚未完全成熟，通常会持续发展到20岁及以后。

青少年前额叶皮质的功能发育尚不完全，与此同时，青少年的大脑不像成年人的大脑那样能够快速传输信息。这与神经元的发育有关。神经元是将信息从大脑的一部分传递到另一部分的细胞。成熟的神经元覆盖着一种被称为髓鞘的绝缘材料，这使信息的传输速度比没有髓鞘覆盖的神经元快100倍。但是在青春期，神经元还在发展。因此信息的传递速度较慢，青少年比成年人的冲动性更强。

在大脑各部分的连接中，最先开始和完善的是大脑后区。神经元的成熟首先从大脑后部开始，大脑后部负责情绪和感觉。而额叶和其他脑区的连接最复杂，也最晚成形，所以执行功能的完善需要漫长的时间。这使青少年"感觉更多，思考更少"，也使他们在情感上更加脆弱，出现情绪波动的频率更高。青少年会觉察到自己的情绪比小时候的强烈得多，并发现自己更容易因为情绪而不是逻辑做出冲动的决定，这让他们常常感到不知所措。

边缘系统：掌控情绪和记忆

边缘系统在大脑深处，位于大脑皮层下方。边缘系统是大脑中负责我们的行为和情感反应的部分，尤其是在涉及生存和面对危险需要做出战斗或逃跑反应时。其中两个主要结构是海马体和杏仁核。

海马体为我们的记忆功能立下了汗马功劳，是大脑的记忆中心。有学者认为，海马体是大脑中少数几个在成年后仍然产生新神经元的区域之一，这个过程被称为成年神经发生（adult neurogenesis），呈现了大脑的可塑性。

与成年人的海马体相比，青少年海马体的"马力"更加强劲，是青少年学习新事物的关键大脑结构。青少年时期，海马体的体积和结构会发生变化。这些变化包括神经元的增加、突触的形成和修剪，以及神经纤维的增长。在青少年时期，海马体的神经特别活跃，这对学习和记忆形成至关重要。海马体的突触可塑性在青少年时期特别强，这意味着突触连接可以很容易地根据经验和学习进行改变。

海马体的隔壁是杏仁核。大脑左右侧的杏仁核在我们的情感反应中扮演中心角色，包括让我们拥有愉悦、恐惧、焦虑和愤怒等感觉。它决定了人类在遇到危险时是战斗、逃跑还是僵住，是帮助人类保命的"大法器"。现在，它更被看成是大脑做决定时"天人交战"的十字路口。

青春期的激素直接控制和影响了杏仁核，让青少年的情绪体验变得更强烈，如快乐、恐惧、愤怒和焦虑等感受都会被放大。在社交场合中，青少年可能会因为杏仁核的高反应性而感到更加焦虑，例如，一个青少年可能在公共演讲或参加社交活动时感到极度紧张。杏仁核还为我们的记忆附加情感内容，具有强烈情感意义的记忆往往更容易被记住。一个青少年可能因为一次愉快的学校旅行而长期记住相关的学习内容，同样，一次失败的考试也会在青少年脑海中留下持久的印记。

此外，《青春期的烦"脑"》一书指出，激素也是研究青少年时应重点关注的对象。性激素包括睾酮、雌激素和孕酮，在青春期引发青少年剧烈的身体变化。当它们开始在青少年体内起作用时，青少年的大脑是第一次感到它们的存在。大脑面对这些"新朋友"，完全不知道该如何调节身体对这些化学物质的反应。青少年的大脑就像第一次遇见这些激素的新手，正在学习如何与这些强烈的化学物质共舞。

青少年可能感觉自己坐上了情绪过山车，激素水平的不稳定常常让青少年体验到情绪的极端波动。学业和注意力也会受到激素波动的影响。青少年可能发现自己在课堂上更容易分心，或者在考试前感到异常的焦虑。一个青少年可能在一次重要考试前夜因为紧张而难以入睡。

青春期的激素变化也会影响青少年对压力的反应，这种反应可能与成年人预期的不同。青少年可能对小的压力源反应过度，也可能在面对重大生活事件时显得相对冷静。一个青少年可能在家庭冲突中表现出强烈的情绪反应，但在面对学业压力时却能保持冷静。

激素的变化还可能影响青少年的睡眠模式，导致他们晚上难以入睡或早上难以醒来。一个青少年可能在周末熬夜到很晚，然后在工作日的早晨挣扎着起床，我们会在第七章中对青少年的睡眠进行更详细的探讨。

青少年的大脑的发展规律

人类大脑的进化遵循"从后到前，从下到上"的顺序，当孩子成长时，大脑的发展也遵循这个顺序。控制身体机能、反射和基本情绪的更原始的脑区在出生后不久就完成了发育，也就是说，它们在生命早期就成熟了。而控制执行功能、长期规划和复杂思维的高级脑区要很晚才能成熟。因此，青少年对感觉的感知会先成熟，理智是后发育的。

在完全发育的人脑中，情绪在更原始的区域（如边缘系统）生成，然后向上传递到更高级的"执行"区域（如前额叶皮质）——这些区域负责评估情况并调整情绪反应，使个体更好地应对实际环境。因此，我们基本上有一个最初的无意识情绪反应，然后大脑中更理性的部分才开始发挥作用，并决定这种反应是否真的符合现实需要，然后相应地调整自己的响应方式。

回想一下，当你因为工作想和领导大吵一架时，愤怒的感觉是不是先出现？然后你得安慰自己"没必要""我还需要这份工作""他说的也不是完全没道理""同事看见了会觉得我没涵养"等，才能逐渐冷静下来。对大脑尚未发育成熟的青少年来说，从冒险中获得的快感非常强烈，但他们却没有成熟的前额叶皮质来控制事态的发展。碰到相同的矛盾时，青少年可能会马上发出咆哮，立刻翻脸，甚至大打出手。

不难理解，生活最基本的要求永远不会改变，我们总是需要呼吸和吃饭。而当我们感到痛苦和危险时，我们会想躲起来、逃跑或准备战斗。但是，社交和情感技能等高阶的需求在随着人类文明的发展不断变化，人们现在需要学习一套与100年前截然不同的文化规范。从人类和社会进化的角度来说，因为这些社交和情感技能需要经验的深刻塑造，所以控制它们的大脑区域是最后发育的。

警惕过重的压力

对于人类来说，有太多因素可能影响大脑发育，如营养不良、早年生活压力、使用其他药物或酒精及创伤等，都可能影响大脑发育。而青少年的大脑，除了上述原因，还更容易感受到压力的影响。对青少年来说，压力源无处不在，从上课到考试，从上台演讲到难以被同龄人接受，从亲子冲突到校园霸凌，等等。

青少年比成年人更难应付压力，更容易被激发强烈的情绪。这是因为他们的头脑对一些激素的反应和成年人的不同，研究发现，一些让成年人平静下来的激素反而会让青少年变得更加焦虑。当一个人面对重压时，本能的反应是"战斗"或"逃跑"，现代人当然不像原始人那样随时需要面对真正的危险，但是我们古老的动物脑还是会使我们做出相同的反应。作为成年人，前额叶皮质可以帮助我们判断一件事情是否值得焦虑，是否要采取行动，但是对青少年来说，持续不断的刺激和还没有发展好的应对脑区让这一切都变得更艰难。前额叶皮质尚未成熟，没有"总指挥"的其他脑区可能会失控。

肾上腺素及皮质醇的分泌会导致青少年的情绪剧烈波动。皮质醇水平越高，我们就越容易感受到负面情绪，如压力、担忧、焦虑、愤怒及孤独感等。而青少年体内的皮质醇水平高低，其实一定程度上也受环境压力的影响。另一项研究显示，如果妈妈在怀孕时经历了引发巨大压力的事件，如亲人离世、失业或离婚等，孩子发展到青春期时体内的应激激素水平会高出正常值（这就是为什么很多父母会惊讶，为何明明他们的孩子已经是青少年，心理咨询师访谈时却会问及怀孕时的情况）。

适度的压力的确可以促进学业表现，而过度的压力却对学习十分有害。压力太大，孩子会无法集中注意力，难以学习新知识。我们都经历过紧张时"脑子一片空白"的场景。因为压力会增加皮质醇的分泌，干扰记忆。长期压力会损伤许多脑结构，包括消除突触连接。所以，一旦个体感到紧张，思维就会僵住。

青少年时期，海马体对应激反应特别敏感，经受压力的青少年的海马体会缩小。长期或严重的应激可能会影响海马体的结构和功能，进而影响学习和记忆。而压力也会对杏仁核造成影响。杏仁核不仅修改记忆的强度和情感内容，还在形成与恐惧有关的新记忆方面起着关键作用，而恐惧记忆在几次重复后就能形成。科学家发现，在动物实验中，成年个体经受压力后，其脑功能会在大约 10 日内恢复正常，如果是未成年人，其脑功能恢复的时间则是 3 周。在极度压力下，孩子们可能会"关闭"自己，进行解离防御（切断自我和当前现实之间的联系来隔绝难以接受的感受或想法），这是一种自我保护机制，但长期这样会影响他们的社交和学习能力。青少年时期海马体和杏仁核经历的创伤不仅影响青少年当前的认知和情感健康，还可能对他们成年后的认知能力和心理健康产生长期影响。

父母贴士

总体而言，青少年的大脑尚未发育成熟。青少年的记忆力、注意力和解决问题的能力通常会有所增强，但过度活跃的杏仁核和海马体，以及它们与剧烈变化的激素的相互作用，让青少年的生活依然面临很多挑战。

青少年大脑的情绪调节能力尚未完全成熟，这可能导致青少年在面对压力或冲突时，难以有效地管理自己的情绪。青少年可能会因为边缘系统与前额叶皮质之间的连接尚未完全成熟，而更容易从事危险行为，如不安全驾驶或尝试吸烟和饮酒。

处理这个问题的一种方法是经常提醒青少年，不要冲动做决定，并在做出任何决定之前权衡利弊。做决定的过程中可以"借用"成年人更成熟的大脑，与能为自己提供帮助的人交谈，如父母、哥哥、姐姐、老师等，而不是另一个正在经历不确定性的青少年。

因为青少年的头脑具有很强的可塑性，其压力反应系统也会更敏感。在当今社会，青少年随时可以了解到各种天灾人祸。面对公共创伤性事件，减轻创伤造成的影响是重要的。美国心理学会提出，在青少年遭受创伤时，温和且坚决地引导青少年远离展现暴力和破坏性场面的网页，减少接触媒体的时间，用身体或言语信息让他们知道自己是安全的，这对于帮助青少年缓解压力十分有效。作为家长，我们可以教会孩子如何照顾好自己，如何保持健康的饮食和睡眠，让自己的生活尽量可控，设定目标，循序渐进，学会时间管理，多花一些时间与身边值得信赖的人交流自己遇到的问题等。

第七章

用脑科学知识更好地帮助孩子

大脑的发育受基因和后天环境的影响

一般来说，身体器官的早期发育主要受基因的影响，而后天发育则更多地受环境的影响。大脑也是如此，大脑的发展早期更多受基因的影响，而环境的影响因素和重要性则缓慢增加。图 7-1 是一张大脑发育示意图，它显示了从婴儿期到青春期基因和环境在大脑塑造中的作用。大脑先发展的是"情绪脑"（即边缘系统），而后天环境会影响孩子"理智脑"（即前额叶皮质）的发展。甚至到成年以后，大脑依然会被经验塑造，我们的任何行为、思维、言语和感觉都会影响大脑这个最宝贵器官的发育。

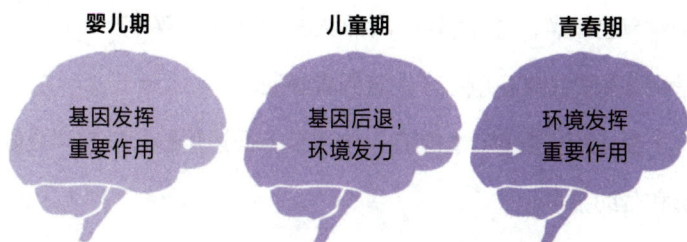

图 7-1　从婴儿期到青春期基因和环境在大脑塑造中的作用

　　每个孩子出生时都自带先天气质，也就是说，我们出生时就会表现出属于自己的个性特征和行为倾向，这些特征被认为是由遗传和生物学因素决定的。先天气质影响着婴儿对环境的反应方式、情绪表达、活动水平、社交行为，以及对新情境的适应能力。例如，有些婴儿出生时就很好带，情绪温和，睡眠、进食很有规律，也能很快适应新环境；而有些婴儿对新环境和新刺激极为敏感，因此父母需要花费更多时间去安抚哭泣不安的他们。

　　先天气质没有好坏之分，了解孩子的先天气质对父母和照顾者来说是很重要的，父母能够更好地理解孩子的需求并提供更恰当、有效的支持。父母对孩子先天气质的响应和耐心的态度会影响孩子如何表达自己，也影响着他们的情感发展。例如，一个天性慢热的孩子可能需要更多的时间适应新的环境和新的学习任务，如果父母表现得不耐烦或焦虑地催促，并认为孩子是胆小的，那么孩子可能会感到羞愧和不安，从而无法接受真正的自己；而如果家长能认识到孩子的特质，并给予他们更多的空间和鼓励，那么孩子会感到舒适，对自己满意，并能够自信地面对外界环境。教养方式和先天气质是否匹配会持续影响孩子，直到青春期。

下面让我们看看，如何在一些重要方面运用脑科学知识更好地理解和帮助孩子。

情绪：如何养出情绪稳定的孩子

经典绘本《你是我妈妈吗？》（*Are You My Mother?*）非常生动地描绘了一只小鸟把见到的动物甚至推土机当成妈妈的过程。这种刚出生不久的小动物追逐它们最初看到的能活动的生物，并对其产生依恋之情的现象被称为"印刻"。

同理，儿童和青少年的发展也会经历各种"印刻"。在孩子成长的过程中，有时家长会惊奇地发现，早期照顾者对孩子的影响如此之大。例如，即使事隔两三年，当初的照顾者已经不在，甚至那时孩子还没有学会说话，但是孩子偶尔使用的一些词语和语气，还是会保留早期照顾者的用语习惯和口音。儿时的经历也会影响青少年如何做出选择。

很多研究显示，依恋关系的质量对大脑的发育极为重要。例如，右脑帮助孩子们处理和控制情绪，尤其是那些与恐惧和快乐相关的感觉。右脑还帮助调节身体的一些自主功能，如心跳和呼吸。

因此，孩子的情绪问题得不到解决时，右脑的功能会受到影响，孩子会很容易出现躯体化反应，如肚子痛、喘不上气或头疼等。而右脑的发展依赖于孩子与照顾者之间的互动经验。在安全的依恋关系中，照顾者能够适当地响应孩子的情感需求，帮助孩子学习如何调节压力和情绪，这有助于右脑应激反应系统的成熟，从而帮助孩子发展自我调节能力，让孩子逐渐学会在没有外部帮助的情况下管理自己的情绪和行为。

关系创伤不仅影响孩子当前的行为和情感，还可能影响他们未来的心理健康，甚至影响他们的身体健康和行为反应模式。长期处于紧张状态的孩子可能会展现出多动、冲动或攻击性行为，或者冷漠、疏远的态度。而且随着孩子进入青春期，大脑经历着进一步的发展变化。早期的创伤经历可能会影响这一时期的正常发展。

在青春期，父母最好能提供稳定和安全的环境，父母的情感支持和理解也可以在孩子经历强烈的情绪波动时帮助他们稳定下来；父母可以通过自己的行为展示如何管理压力、解决冲突和维持健康关系；父母还可以与孩子保持开放和积极的沟通，帮助他们表达自己的感受和想法；同时父母也需要设定合理的边界和期望，以培养孩子的自我控制能力和责任感。

学习：青春期是大脑学习的黄金时期，但并非理所当然

在前文我们谈到，孩子学习问题的背后通常有着更复杂的亲子关系或家庭动力问题。与此同时，这与青少年大脑的发展阶段也有关系。青春期是神经高度可塑的一个时期，但也意味着矛盾的现象会同时存在。在学习方面，青少年的头脑非常高效，特别适合吸收新知识和产生新记忆。但在其他一些方面，如专注、自我管理、坚持及情绪控制方面，青少年的头脑却还不够成熟。因此，帮助孩子用脑科学知识理解学习，提高学习效果是很关键的。

学习的本质是神经元的连接

大脑生来就特别善于掌握新信息。神经元之间的活动越多，兴奋程度就越高。信息在大脑内重复的次数越多，相关神经元之间的连接就会越强大。

学习过程的多次重复看似很无聊，但此时的大脑正在工作。学习的本质就是神经元的连接，形成通路。个体受某种特定类型刺激和体验的经历越多，神经元的连接就越丰富，与特定经历相关联的神经通路越有可能形成。经过重复刺激后，神经元能对原来的刺激产生更大的反应，我们平时说的"脑回路"就这样形成了。青少年通常会觉得很快就能学会新知识，但是他们需要知道大脑的运行规

律——任何学习都需要重复，刻意练习是必要的。

多任务处理很酷吗

大脑中的顶叶是负责分配注意力的区域，负责集中注意力。在今天，多任务并行处理能力必不可少，不过，人的工作记忆时长是有限的。多任务并行处理能力虽然看上去很酷，却是有极限的。注意力的分配也只能在大脑有限的资源中进行。对青少年来说，顶叶要到青春期快结束时才能成熟，青少年的多任务并行处理能力还不完善。这意味着，青少年分配注意力的能力更有限。

打个比方，大脑的信息处理空间就好像双向八车道的宽阔马路，信息则是来回的车辆。大部分车辆可以畅通无阻，但是车辆太多则会堵车。青少年的"马路"大概还有几条道路正在施工中，因此限制车流才能让道路运行通畅。

不要同时给青少年下达太多的指令，试着每次只给他们一项活动。在准备学习环境时，暂时拿走无关的设备，关掉无关的软件。同时可以建议他们自己在学习时也不要太多任务同时进行。如果他们不愿意或不理解，叫以给他们看本书的这部分内容，或者找一些大脑研究的数据来说服他们。

睡眠：青少年的睡眠需求与成年人的睡眠需求不同

青少年的父母经常抱怨，晚上很难让孩子早睡，早上又很难叫他们起床。家长通常在描述完每天的"起床大战"后还会加一句自己的评价——孩子太懒惰、没规矩、叛逆。事实上，青春期的孩子只是需要更多的睡眠。

睡眠对每个人都很重要，不过在生命的不同阶段，睡眠也会发生变化。婴幼儿一般是早睡早起，而青少年则倾向于晚睡晚起。我们的睡眠模式受到纷繁复杂的脑内信号和激素的影响，随着个体的成长阶段而变化。

美国疾病控制与预防中心建议青少年每晚睡 8.5 ~ 9.5 个小时。也就是说与成年人相比，青少年需要更多的睡眠。但你会发现身边能达到这个睡眠数量的孩子少之又少。青春期的激素变化会影响青少年的生物周期。皮质醇和褪黑素是调节我们睡眠的两种激素。皮质醇可以帮助我们醒来，褪黑素会让我们昏昏欲睡。从 10 ~ 12 岁开始，孩子的生物钟就开始延迟，这让他们晚上七八点开始兴奋，并在九十点达到顶峰。晚上，青少年大脑内的褪黑素释放比成年人要晚两个小时，但是在青少年体内驻留的时间又比成年人长。这就导致成年人晚上困了而青少年却双目炯炯有神，早上父母都已起床孩子却还在呼呼大睡，即使起来也昏昏沉沉。如果一大早就要去上学，青少年可能会因为睡得不够而感到烦躁和注意力不集中。

如何帮助孩子休息好、睡饱

晚睡晚起的倾向是由青少年的大脑决定的。逼着他们早起会让他们损失宝贵的睡眠时间。家长会说，我也想让他们多睡啊，但是时间表就在那里，我们怎么办呢？

首先，周末如果没有其他要紧事，我们应该允许孩子睡到自然醒，而不是催促和责骂。

其次，在工作日，我们可以告诉孩子在漫长的一天中给自己找到小憩的时间。其实无论对成年人还是孩子，良好的夜间睡眠、午休，以及一天中的若干次小憩，对于活跃思维，将所学知识转化为长程记忆都是重要的。和夜间睡眠一样，小憩或白天的休息也能增强学习效果。但要注意的是，在自然环境中漫步更能让人的头脑放松。密歇根大学曾做过一项研究，让两组认知疲惫的学生选择不同的放松方式：一组在植物园中漫步一小时，另一组在大街上行走一小时，当他们再次回来学习时，前一组学生的表现明显更好。

最后，减少睡前干扰。让孩子回家后先列出晚上需要完成的各项任务，这样可以减少焦虑；请孩子优先完成最需要动脑的功课，别把压力留到睡前；睡前一小时关闭电子设备，让受到过度刺激的眼睛和大脑得以放松；像幼儿一样，家长可以发现一些睡前可以帮助青少年更好地入睡的惯例，例如，做一些不太需要动脑的活动，每天睡前都做，如和父母聊聊天。

良好的睡眠不只能加强学习和记忆效果，还能根据情绪重要性将记忆拆分并对这些部分进行排序和组织。因此，一个人最容易记住与情绪相关的信息。所以千万不要在临睡前和孩子吵架，这样不仅你们都气得睡不好，而且吵架的内容会更容易被孩子记住，睡前的复习就泡汤了！

父母贴士

很多人问我，青春期如此具有挑战性，父母该如何更好地应对。希望这两章关于大脑的部分可以帮助父母理解，孩子只是处于一个关键的发展阶段，虽然过程很漫长，但他们终将长大，慢慢成熟。父母也不可能照顾孩子一生，他们需要自己体验，自己培养各种技能。

当你抓狂的时候，也许以下几点会有帮助。

1. 保持镇定。深呼吸，默念数字（1、2、3、4、5……），或者用其他方式让你在面对孩子感觉快要爆发时冷静下来。心平气和地告诉他们错在哪里，青少年需要能信服的理由。例如，你可以把本章关于大脑的知识给他们看。

2. 最听话的孩子也有可能犯错。他们可能也不知道自己怎么了。告诉他们前额叶皮质还没有成熟会让他们对自己的总体情况有更好的了解。

3. 正向反馈和积极沟通。当青少年知道无论如何父母都会在自己身后时，他们更可能向你寻求建议。

4. 向孩子请教，用孩子的方式和他们沟通，而不是只让他们配合你。对他们的世界保持好奇。如果觉得直接言语沟通不太方便，也可以通过微信或其他社交媒体进行沟通。

当然，在我们学习很多理论，包括大脑的理论时，我们要小心它们成为指向孩子的"武器"。"他们正在经历青春期，青春期都这样，没什么大不了"这样的想法可能会让我们掉以轻心，失去了解孩子内心的机会。而"你就是和书上写的一样，矫情"这样的想法会让我们把所学习的理论变成一种偏见及对孩子的伤害。最后，每一个青少年都是独一无二的，每一个个体都值得被倾听，每一个孩子都值得父母进行情感上的同频。

第三部分

做支持而有边界的父母

作者：陈淑芳

前文已经充分阐述了青少年阶段最核心的发展任务——从依赖父母慢慢向独立自主、承担人生责任过渡。与此同时，我们也强调了父母的支持对孩子的成长依然很重要。那么，如何在放手让孩子走向独立与利用父母的力量影响孩子之间取得平衡呢？这无疑是个难题。显然我们需要更多基于实际问题的讨论和思考，在与孩子相处的过程中练习如何把握分寸感，在一张一弛之间给孩子恰到好处的管教和支持。在这一部分，我们希望给父母更多力量和引导，帮助他们更好地投入养育者的角色。然而这一过程的确是非常不容易的，我们将细细讲述其中的困难与挑战，也会相应地给出可参考借鉴的经验与解决之道。另外，为了让读者对一些现象有更直观的理解，第三部分呈现了大量案例，所有案例均为作者根据实际经验整理和改编的虚构案例。

第八章

创建良好的亲子关系

无论孩子处于哪个发展阶段，亲子关系都是父母与孩子之间所有互动的背景和基础。青少年的重要发展任务是与父母分离，而分离的前提是健康的亲子关系。我在心理咨询工作中所遇见的那些无法实现与父母分离、顺利走上独立之路的青少年，往往都与父母有着过度纠缠或极为疏远的关系，所以，父母要想帮助孩子顺利完成发展任务，就需要用心经营、维护良好的亲子关系，做孩子的坚强后盾，让家成为孩子向外探索过程中可以随时回来休憩、充电的安全基地和温暖港湾。

亲子关系的品质不仅影响青少年的发展，也深深影响着做父母的体验，决定了父母具备多少内在的动力和能量去承担自己做父母的责任。你可以在临睡前试着静静感受：内心是充满为人父母的欣慰与幸福感？还是被做父母的艰辛和挣扎所占据？毋庸置疑，做父母的感觉五味杂陈，以上两种都会涵盖其中，但正常情况下，如果前一种体验占据主导，孩子对父母也以积极情感为主，那么就说明亲子关系在一个健康的范围内。如果后一种体验占据主导，父母或许需要停下来审视亲子关系中发生了什么，及时做出调整。

什么样的亲子关系才算健康？父母们常常问我类似的问题。我在我的女儿发展的不同阶段让她评价过我们之间的关系，在进入青春期前，我的孩子给予的评分大多很高，如99分、100分等，但当孩子进入青春期后，我得到的分数大幅下降，孩子只给了70分。我问孩子："我怎么做，这个分数能到90分？"孩子说："你不要管我，在我需要你的时候出现就好！"虽然我已经料到她会这样说，但听到这个答案时，内心仍然想冲她翻个白眼，再回一句"想得美！"。但这就是青少年的真实写照，也是父母们面临的最大考验：如何在管与不管之间建立平衡。哪些领域要管？什么时候要给予孩子更多的空间和自主权？这些都是父母在养育子女的过程中不停思索的问题。上面这一小段对话也生动地展现出青春期阶段亲子关系的一个重要特点：父母和孩子对事情的看法开始出现分歧，由此也引发了亲子间的冲突，增加了亲子关系的张力。如何在接受必然出现分歧的前提下尽量达成理解、和睦相处，是青少年父母面临的一个核心任务。

无需赘述，我们都知道绝不能以孩子的评价作为衡量关系品质的唯一标准。基于青少年的心理发展规律、特点，以及我在心理咨询领域的临床经验，当父母能够关注并努力做到以下几个方面时，他们将在与青少年的亲子关系上收获丰厚的回报。

无条件积极关注、尊重与接纳，为亲子关系奠定基础

谈到关系的基础，或许很多人首先会想到"爱"。大多数父母都会毫不犹豫地宣称深爱孩子，而其中不少父母会抱怨和困惑：为什么我们那么爱孩子，他们却感觉不到，并总是对我们摆着一张冷漠脸呢？

回到"爱"的本质与定义，哲学家和心理学家艾里希·弗洛姆（Erich Fromm）认为，爱的四大要素是：（1）给予；（2）关心；（3）责任；（4）尊重与理解。前面三个要素对父母来说无需多言，最后一个要素极其重要，却常常被父母忽略。"尊重与理解"被忽略的原因往往源于对差异的接纳度太低。当孩子的观念、想法与父母相似时，父母是比较容易做到尊重与理解的，可当孩子与父母的差异很大，尤其当他们持有的观点、行事的风格在父母看来是"错"的时，父母就很难做到尊重与理解了。青少年已经趋于成年，被尊重的需求日益强烈，当感到不被尊重和理解时，他们会封闭心灵，爱便无法抵达他们的内心。

让爱流向青少年的内心，才会有真正良好的亲子关系。人本

主义心理学家提出了与爱有关的重要概念——无条件积极关注和接纳。其核心要义是：即便不同意对方的看法、行为，也不因此拒绝对方，对对方始终保持关注和接纳，心怀善意、信任和信心，相信对方会朝着积极的方向发展与改变。将这一理念用于亲子关系上，是指父母能够放置自身的立场和期待，接受孩子与自己不同，对他们持续保持关注和接纳，即便孩子犯了错，父母也能始终心怀希望，相信孩子能够继续向上发展，发挥潜能，实现自我。

看到这里，或许很多父母会不禁发出感叹："这也太难了吧！"也有父母对我说过："这些我都知道啊，但是我做不到！"一方面，我深深理解父母的感慨，因为做到"无条件积极关注、尊重与接纳"的确很难，即便是作为心理咨询师的我，也时常做不到。另一方面，父母或许需要打破对上述内容过度理想化的期待。"无条件积极关注、尊重与接纳"，是父母可以无限接近，但可能永远无法完全到达的目标，或者说，这是一个不断偏离又回到正轨的过程。父母需要做的是努力看到孩子的独特，并尊重差异。

"无条件"并不代表毫无期待和要求。我们从孩子出生起，就很自然地对孩子怀有各种期待，也会在日常互动中时刻表达与传递我们对孩子的期待，孩子也正是在父母的期待中慢慢成长的。孩子满足父母的期待时，会得到欣赏的目光，未满足父母的期待时，会看到父母失望乃至生气的眼神，孩子就这样被逐渐塑造，这是无可避免的规律。父母的失望、生气本身并不会伤害孩子和亲子关系，会产生伤害的是由此引发的父母的拒绝和对孩子整个人的否定。"你太让我失望了，我怎么会有你这样的孩子""你这孩子真是无可救药了"这类言语很具有杀伤力，有时无需激烈的言语，孩子只需因为不符合父母的期待而感到失去了父母追随的目光，或者持续在父母的目光中看到焦灼和担忧，甚至轻蔑，就足以在内心中感到深受伤害。因此，父母不是应该放下期待，而是应该清楚如何面对孩子带来的失望；如何在生气、愤怒后调整心情，继续以温暖的目光关注孩子的成长；如何在情绪失控说了伤人的重话之后，修复亲子关系，让孩子知道并没有失去我们的关注与接纳。

如果前面的讲述太过抽象，希望以下两个案例能让父母们有更直观的感受和理解。

☑ **案例 8-1**

"女儿一点都不像我，不明白她怎么总是无精打采、暮气沉沉，看得我真着急！"

妈妈带着 14 岁的女儿琳琳来到咨询室。琳琳最近总说头疼，妈妈带她去了医院，医生评估是心理压力过大，建议妈妈带孩子看心理咨询师。经过几次与妈妈、琳琳分别的交谈，我发现妈妈性格外向，喜欢社交、精力旺盛，对新鲜的事物充满了好奇，想要尝试；而琳琳性格内向，喜欢独处、看书、思考，虽然小小年纪，却对很多哲学问题充满兴趣。但是妈妈对此毫无兴趣，甚至看不惯琳琳坐在那里"发呆"，她时不时要女儿离开房间和自己一起看电视，或者拉女儿出去逛街。琳琳很想拒绝妈妈，但是总经不起妈妈的软磨硬泡，最后只能屈从。

妈妈在和我的交谈中抱怨道："女儿一点都不像我，不明白她怎么总是无精打采、暮气沉沉，看得我真着急！"显而易见，这位妈妈很难理解和接纳女儿的个性。妈妈是焦虑的，用了夸大且带有贬义色彩的词汇来形容女儿。在妈妈的眼里，外向才是"好"的个性，内向是有问题的，喜欢独处等于孤僻，多思寡言等于暮气沉沉，这些都需要改！在这样的目光和氛围中，琳琳越来越封闭自己，在家更加少言寡语，妈妈也更加觉得她无精打采。

当我以欣赏的语气对妈妈说琳琳喜欢思考，看过很多书，有着超越年龄的成熟思想时，妈妈脸上是疑惑和惊讶的表情，她感觉自己从未"看见"这样的女儿。妈妈是善于反思的，经过一段时间，她开始真正意识到并接受女儿与自己的差异，尝试放下自己对于内向性格的误解和偏见，她开始关心女儿喜欢看什么书，请她讲书中的故事和阅读感悟。

琳琳也逐渐有了变化：最初她来咨询时总穿着灰暗的衣服，咨询后期，她的着装开始有了明亮的颜色；最初她和人说话总是很严肃，在咨询中也如此，而到咨询结束时，她已经能够和妈妈轻松地开玩笑。这一切变化，都与琳琳从妈妈和咨询师那里获得的"无条件积极关注、尊重与接纳"密不可分。

案例8-1中琳琳因为不符合母亲的期待而难以得到无条件积极关注、尊重与接纳。如果你的孩子成绩不好或在学校的表现不尽如人意，某种意义上不符合学校的期待，不是普遍意义上的优秀青少年，你是否还能做到无条件积极关注、尊重与接纳？

☑ 案例 8-2

"我看他就是懒，不愿意努力，他也就这样了！"

杜爸爸是小有成就的成功人士，儿子小杜从初中开始成绩就不理想，现在高二。过年了，亲戚朋友聚在一起，杜爸爸的朋友关心地问小杜成绩如何，未来想考什么专业。小杜说："成绩也就一般吧，读什么专业还没想好，我对市场营销还挺有兴趣的。"杜爸爸冷眼在旁听着，儿子语音刚落，他就以轻蔑的口吻说："你这个成绩，我看什么大学也上不了！"朋友有些尴尬，赶紧缓和气氛说："还有一年的时间，完全来得及！"杜爸爸回道："我看他就是懒，不愿意努力，他也就这样了！"小杜听完站起身，一言不发地走了出去。这是常年在父子间上演的戏码。因为小杜成绩不理想，所以每每在聚会的场合被问起孩子的状况，杜爸爸都觉得面子上挂不住，恼怒之余就会开始责骂、贬低小杜，似乎这样就能与小杜划清界限，找回尊严。长此以往，父子关系非常紧张。小杜的学业成绩的确不好，可是他有着极强的社交能力，年级里半数以上的人都认识他，他对学习兴趣不大，却很喜欢在学校变卖自己收集的手办。可是杜爸爸觉得这是不务正业，对此嗤之以鼻。

很多父母为青少年设定的优秀标准和成功路径是唯一的——学习成绩好，考上好大学。杜爸爸自身便是沿着这条路取得了今天的成就，所以对这条路的正确性笃信不疑，当小杜不符合这个标准时，杜爸爸坚定地认为这就是失败。

我们能够看到，杜爸爸受限于自身的成长经历，难以看见和相信有其他人生路径，也因为无法在心理上与孩子有健康的界限，孩子的优秀与否深深地影响杜爸爸自己的价值感，因此始终无法给予儿子无条件积极关注、尊重与接纳。

相信上面的两个例子已经让父母对无条件积极关注、尊重与接纳有了直观的理解。我还想特别强调，无条件积极关注、尊重与接纳绝不是溺爱和放纵，更不是放任不管。当孩子犯错、行为不当时，父母需要毫不迟疑地向孩子明确指出问题，表达不赞成的态度，引导他们为自己的错误负责。与此相比，对父母更具挑战的情况是，明明觉得孩子的决定和选择不够理性、有益，却无法说服孩子放弃想法。记得有一位受人尊敬的同行分享过自己的经历。他的儿子在高中时因为不适应学校而想转学，同行的内心并不赞同，经过很多次沟通和交流，儿子依旧坚持自己的想法，最终同行尊重了儿子的决定，他说："当时我确实更倾向于不转学，但我想，即便孩子现在所做的是一个错误的决定，我觉得他也能从错误中学习，从中吸取经验和教训，与留在这所好学校相比，这对他的人生更有助益。"这句话，是对无条件积极关注、尊重与接纳最好的注解。

深入青少年的世界，达成认识、了解和信任

从业以来，我听过、见过太多青少年来访者苦苦挣扎于与父母的信任之战：父母不允许孩子锁门，偷看孩子QQ里和同学的对话，翻看微信聊天记录、日记，等等。父母列出各种这么做的理由：担心孩子在房间里玩手机不学习，确认孩子是不是和同学谈恋爱，担心孩子在微信被陌生人欺骗……我们能够感觉到这些担忧的背后满溢着焦虑。父母的心态可以理解，因为孩子从出生开始，一举一动都在父母的眼前发生，从婴幼儿到儿童时期，孩子与父母的关系一

直都非常紧密，孩子会与父母分享所有的想法、感受，因此父母会觉得孩子的行踪、内心的想法都在自己的掌控之下。但到了青春期，青少年开始产生想要分离和独立的愿望和需求，不再像小时候那样事事与我们分享，开始有了自己的空间和秘密，这是成长的自然规律。可是对一些父母而言，当孩子有一部分想法、行为不再暴露于自己的目光之下，父母便会对未知的部分心生疑虑和担忧。如果父母足够信任孩子，那么他们的疑虑和担忧会少很多，倘若不信任，他们内心的焦虑便会激发诸多糟糕的、负面的想象，促使父母做出上述那些破坏关系的行为。信任犹如亲子关系的润滑剂，至关重要，缺乏润滑剂的关系注定磕磕绊绊、冲突不断。

信任基于了解，当我们了解孩子的个性、特点、日常学习生活、社交网络，了解他们内心世界的喜怒哀乐，就有可能对他们是否在正常、健康的成长轨道上做出合理的判断、预期，从而产生信任、信心，避免不必要的担忧和焦虑。第一部分和第二部分的内容让我们了解了青少年的普遍发展规律和特点，但对自家青少年的特点，你是否足够了解呢？以下自评问题或许能帮助我们有个初步的答案。

○ 你的孩子最近喜欢什么食物？休闲时光喜欢做什么？

○ 你的孩子有哪些好朋友？在学校最喜欢的老师是谁？有心仪的异性吗？

○ 你的孩子在学校喜欢、擅长的科目是什么？哪些科目是其短板？

○ 你的孩子有哪些兴趣爱好？特长和优势是什么？

○ 你的孩子追星吗？喜欢的偶像、明星是谁？

○ 如果你的孩子心情不好，他怎么排解，什么能让他高兴起来？

○ 你的孩子通常用电子产品做什么？喜欢使用什么 App、浏览哪些网站？

如果对以上问题你都能轻松回答，恭喜你，你对孩子非常了解。如果对大多数问题你都觉得难以回答，那就提示你日常需要多花些时间和精力与孩子在一起，对他们的世界感兴趣，观察他们的行为举止，耐心地倾听，与他们聊天、玩耍，了解他们所处的外在环境和内心世界，真正认识、了解孩子。但父母的困境在于虽然有愿望走近青少年，却因为缺乏技巧而无法真正进入孩子的世界，一开启谈话就成为"谈话终结者"，或者孩子总躲着父母，不愿与父母待在一起。为了解决这个困境，下面列出了两个重要的技巧，帮助父母充分地与青少年相处，与他们交谈，从而对他们有更多的了解。

技巧 1：避免过于正式的交谈，轻松对话

青春期的孩子敏感而多思，多多少少带着些防御的心态，如果

你发起非常正式的谈话，往往得到的是"没什么""不知道"这类敷衍回应。

对话 1

妈妈："今天在学校过得怎么样？"

儿子："挺好的。"

妈妈："有什么特别的事情发生吗？"

儿子："没有。"

妈妈："上课都有认真听吗？"

儿子："有啊。"

妈妈："都听得懂吗？"

儿子："听得懂啊。"

妈妈："晚上作业多吗？"

儿子："还行。"

妈妈："那吃完饭赶紧去写作业吧。"

儿子："行。"

对话 2

妈妈："你今天怎么样？妈妈今天好累呀。"

儿子："我还好呀，你今天怎么了？"

妈妈："快下班时遇到一个特别难缠的客户，问了超级多的问题，有些问题还反反复复问，妈妈用了洪荒之力（夸张的语气），耐着性子一一回应，最后总算处理好了。"

儿子笑。

妈妈："今天学校有啥好玩儿的事情没？"

儿子："嗯，今天转来了一个新同学。"

妈妈："哦？什么样子啊？"

儿子："挺不错的，也喜欢打篮球，还向我打听学校篮球队的事情。"

妈妈："不错呀，你又多了一个有共同语言的同学。"

分析

对话 1 中的妈妈多用封闭式的问题，并且意图非常明显，想要了解孩子在学校的学习状况，这无可厚非。可是孩子或许会感觉缺乏谈话的自由空间，甚至有些像被"审问"，有种窒息感，因此真正的谈话无法展开，孩子只是非常敷衍地给予回应。

对话 2 中的妈妈首先分享了自己今天的工作和体验，并且用幽默的方式让谈话进入轻松的氛围，之后妈妈的询问是"有啥好玩儿的事情"，这就不是只关注学习，透露的是对学校生活的关心和好奇，这些都会让孩子放下戒备，愿意敞开心扉。父母若能真正抱着交流的心态开展对话，而不仅仅是获取想知道的信息，将会发现与孩子交谈是一个令人愉悦的过程。

我曾经发过一条朋友圈："终于来到了路过无数次的小公园，总觉得这一个个小圆球（指绿化带里的树丛）会抖动起来，变成 *Frozen*[1] 里的石头精灵。"我的女儿对这条信息表现出了极大的兴奋和热情，激动地让朋友们传看。我后来理解，令她兴奋的是发现我也有幻想、童趣的那一面，这立刻拉近了她和我的距离，她因此更愿意与我分享自己的世界，觉得我们会有默契，我能够懂她、理解她。

技巧 2：安排稳定、规律的亲子休闲时间

对青少年的深入了解建立在父母投入足够时间和精力的基础之上，只有足够多的相处、交谈，父母才有可能真正了解孩子。人在放松休闲时最容易敞开心扉，想必你我都有这样的体验。与孩子一起看电影、运动、逛街，都是非常好的亲子休闲活动，在彼此都放松的状态下闲谈，我们会在不经意间越来越了解孩子，孩子也因此更加了解、信任父母，从父母的分享中学习。如果这些活动能够变成规律性的日常惯例，青少年也会渐渐习惯在这些时候与你分享他们的想法、困惑。

可现在的父母通常都很忙碌，如何能在密集的时间表里加入与孩子共度的亲子休闲时光，是对父母时间管理和工作生活平衡的考

---

1. *Frozen* 是指电影《冰雪奇缘》。

验。充分利用接送孩子上下学路上、饭桌上和睡前几分钟的闲谈，能及时了解孩子每日生活的大体状况，如果有什么重要的事情，孩子通常能够透露一二，例如，测验没通过，与某个同学产生了矛盾，或者在学校被老师批评了，等等。如果能每周末拿出半日陪伴孩子，而不只是把他们送到各种补习班，创造真的属于你们的亲子时光，诸如一起打球、看电影甚至只是一起逛街、吃饭，那就完全有机会更充分地了解他们，此时孩子可能会与你聊他们喜欢的明星有什么新闻、学校的八卦、这周他们看的书等。当然，如果父母陪着孩子时手上依然拿着手机，目光盯着屏幕，人在心不在，这样的"在一起"是无效的，孩子此时无法体会到父母的在场，交谈和互动也自然无法产生。

我和孩子每周末都会一起在家里看电影或电视节目，有时一边看一边讨论，有时会在电影结束后再讨论，此时我会仔细倾听孩子的发言和表达（这是了解他们内心的最好窗口），不轻易评判，同时给予他们真实、恰当的回应。通过直接询问来了解青少年的想法并不容易，但通过谈论电影角色、小说人物，我们能够看到他们真实的看法和态度。

如果孩子已经开始有些信任你，便会邀请你与他们一起看他们喜欢的电影、电视剧或视频，会与你分享他们喜欢的明星、音乐、物品等，此时千万不要敷衍、拒绝，这是孩子主动发出的进入他们世界的邀请，难能可贵，请用心对待和回应。通常这些主动的行为会让你开始对孩子有更深入的了解，甚至消除原本的担忧和误解。一位忙于自己事业的妈妈因为与孩子关系的问题前来咨询。孩子正处于青春期，沉迷于某个韩国明星。妈妈对此感到担心和焦虑，觉得孩子投入了过多的精力和热情，会影响到学习。经过一段时间的咨询，妈妈与孩子的关系有所改善，此时孩子开始跟她聊这位一直喜欢的明星。有了咨询积累下来的经验，妈妈只是抱着好奇和耐心倾听，她惊讶地发现，原来这个明星对孩子有着如此重要的意义。女儿说："感觉他一直陪着我成长，当我遇到困难时，仿佛他就在旁边鼓励我，我想到这个明星的经历，会告诉自己要努力向前不放弃。"

有了每日的简短交谈和周末的长时间相处，父母有机会全面地了解孩子的日常学习、生活和内心想法，再加上恰当的心态和沟通技巧，父母便能够真正进入孩子的世界，认识、了解他们。因为了解，即便他们不在你的眼前，不事事汇报，你也能够信任他们不会做出对自己不利的事情。

然而有些父母即便对孩子有了充分的了解，仍然难以信任孩子，这种情况或许与父母自身的内在焦虑、心结有关，例如，某位父亲认为自己是因为青春期沉迷游戏而与理想人生失之交臂，因此总是无法信任儿子能够自律。在这种情况下，父母需要对自己有足够的反思、觉察，降低因自身困扰带来的影响，必要时父母可以寻求心理咨询的帮助来解决自身的难以信任等困难。

最后，我还想强调一下，信任的基础是了解，当对孩子有足够的了解时，父母就能确认孩子没什么大的发展问题，此时如果父母的人格足够成熟健康，就能够给予孩子足够的信任。信任是亲密关系的重要基础，无论是亲子间还是夫妻、情侣间，信任都格外重要，对青少年更是如此，信任给予他们发展和前行的安全感和动力。对爱冒险的孩子，我们可能会担心，这是正常的，但如果我们信任孩子会懂得生命可贵、需要保护自己的生命安全，信任孩子会学习如何保护自己，我们就不会过度焦虑。清楚孩子是独立的个体，能够维持有边界的关系，我们就不会试图去控制或过度保护他们。

抱持、开放，以不评判赢得信任

如今网络上流行一个词"双向奔赴"，这个词用在亲子关系上非常合适。如果父母信任青少年，但青少年并不信任父母，那么亲子关系就像恋爱中的"单相思"，父母会感觉自己总被拒之门外。青春期的孩子情绪变化快、波动大，思维容易非黑即白，自尊也很不稳定，对批判和否定格外敏感，就像一只刺猬，一有风吹草动便会缩成一团，以刺示人。只有环境安全，他们才会放松，露出"庐山真面目"。而对青少年而言，最大的外界威胁和不安全因素就是批判和否定。因此父母对青少年采用抱持、开放、不轻易评判的态度至关重要。父母可通过以下问题来评估自身对青少年世界的开放程度。

○ 你怎么看待青少年穿奇装异服？

○ 你怎么看待中学生谈论恋爱话题？

○ 你怎么看待二次元[1]？

如果你对于以上这些现象不假思索地表现出排斥，估计青少年会比较难以向你敞开心扉。记得我曾邀请朋友到家里聚会，当时我女儿穿着露脐的短 T 恤，好友看见后快言快语地评论道："这么穿不冷吗？"然后又转头和我说："有时候在街头看见一些孩子，大夏天的穿着高筒长靴，大冬天的穿着超短裙，我真不知道他们是怎么想的！"我们都没有留意孩子的反应，但到了下一次我想邀请这位朋友来家里时，女儿表示了激烈的反对，她说："我不喜欢她随意评判别人，她对自己不理解的人有一种很负面的态度。"我这才意识到她对于感知到的评判有多么敏感。

当然，以上涉及的这些现象，父母并非必须肯定和接受，而是当家里的青少年对此表现出兴趣时，父母能避免在缺乏了解的情况

---

1. "二次元"原指"二维世界"，后来被漫画、动画和电子游戏这三种产业所运用，用来指代这几种媒介所创造的虚拟世界，广义上说，这些产业的核心产品和衍生产品都可以归于二次元的范畴。

下武断地评判和禁止。很多时候，青少年对此的态度也是模糊、摇摆的，他们对于新鲜的事物抱有很强的好奇心，想要尝试，但自身对尝试同样心存疑虑，可如果此时他们感知到父母的反对和禁止，强烈的自主意识可能会激发他们的强烈对抗，甚至直接以行动的方式来宣称主权。相反，如果父母能够秉持开放的心态，在亲子之间创造出谈论的空间，青少年则无需压抑好奇，而是能与父母坦诚地交谈，澄清自己的感受、观点和态度，父母也可以在沟通中表达观点、传递态度，引导青少年做出理性的判断和选择。

我们通过讨论两个敏感话题的案例来让父母从中获得一些启发。

☑ **案例 8-3**

和青少年聊学校的恋爱八卦

对话 1

女儿："妈妈，你知道吗？我们学校初二的洪宇喜欢上了白雪，在微信里公开表白，很多人都看见了！"

妈妈："啊？这么小年纪就谈恋爱？"

女儿："小吗？我六年级时，班里也有男生喜欢女生。"

妈妈："这么小，懂什么叫恋爱吗？谈了也没有结果。还是应该把心思放在学习上。"

女儿不再说话，直接走开，谈话就此终结。

对话 2

女儿："妈妈，你知道吗？我们学校初二的洪宇喜欢上了白雪，在微信里公开表白，很多人都看见了！"

妈妈："是吗？怎么表白的呀？"

女儿："不知道，我没看见。但听说挺直白的。"

妈妈："哦，这么大胆！"

女儿："是啊，但是听说那个男生和很多人都表白过，令人很无语。"

妈妈："啊？真的吗？"

女儿："是呀，我们都知道。"

妈妈："看来闹得满城风雨了！妈妈感觉你不太喜欢他这样？"

女儿："当然，我感觉他随随便便就表白，根本就不是真心喜欢。"

妈妈："嗯，我也这么觉得。那你觉得怎样是真心喜欢呢？你在班上有没有喜欢的男生？"

于是妈妈和女儿由此开启了关于喜欢、恋爱的讨论。

青少年由于身体、心理的发展，开始对异性产生好感，对两性关系、恋爱的话题感兴趣，这是非常符合这一年龄阶段的正常现象。若父母由于担心孩子过早开始恋爱，对孩子关注这类话题感到过分焦虑，在谈话中急于表达对"早恋"的否定态度，正如对话 1 中的妈妈，则只会让孩子觉得与妈妈讨论这类话题并不安全，即便有这些方面的困惑，也很难把妈妈当作信任的对象向她寻求帮助。与之相反，对话 2 中的妈妈表现出了对女儿提出的话题的兴趣，以非评判、不带焦虑、略带好奇的态度与女儿交谈，最后自然地询问女儿对"喜欢""恋爱"等话题的看法。通过这样的对话，妈妈能够了解女儿的想法，也能在对话中通过启发性的提问来引导女儿正确地看待这一年龄阶段对异性的兴趣与好感。如果父母不赞同孩子在此阶段恋爱，也可以在交谈中传递自己的观点和态度。总而言之，只有赢得青少年的信任，才有可能开展深入的谈话，父母也才能有机会影响青少年。

☑ 案例 8-4

和青少年聊 K-Pop[1]、二次元等兴趣、爱好

对话 1

女儿："妈妈，XXX（女儿喜欢的某韩国明星）塌房了！"

---

1. K-Pop（英语：Korea-Pop）是韩国流行音乐的简称，它源自韩国，是韩语、电子音乐、Dance-Pop、Hip-Hop 的结合。

妈妈："谁呀？"

女儿："就是XXX（韩国女团的名字）里的成员啊！"

妈妈："你别整天只关心那些韩国明星行吗？多花点时间学习！"

女儿不再回应，默默走开。

对话 2

女儿："妈妈，XXX塌房了！"

妈妈："谁呀？"

女儿："就是XXX（韩国女团的名字）里的成员啊！"

妈妈："是她呀，你和我说过的，她怎么了？"

女儿："她发表了一些辱华的言论。"

妈妈："那中国粉丝肯定不能同意呀！"

女儿："就是啊，所以塌房了。"

妈妈："你对这件事情怎么看？"

女儿："我觉得她太不应该了，有那么多中国粉丝喜欢她，她怎么能发表辱华的言论呢，就应该塌房！"

妈妈："确实，明星是公众人物，要非常注意自己的言行，她说话这么随意，伤害了粉丝的感情，那就要承担相应的后果。希望她从中吸取教训吧！那你还喜欢她吗？"

女儿："我不知道，本来还挺喜欢的，但是她这么说话，我也不知道了……"

妈妈："你原本是因为什么喜欢她呢？"

女儿："因为她唱歌很好听，说话幽默。但是她现在出了这个问题，我觉得好像没法喜欢她了。"

妈妈："对，虽然她依然唱歌好听，说话幽默，但是我们都是中国人，她说了辱华的言论，我们作为中国的一分子，就好像被她侮辱了，那的确就很难喜欢了。"

女儿："是的，就是这样。"

对话 1 中妈妈一听到孩子谈论明星就感到焦虑，很快就开始了批评和教训，结果对话完全无法开展。对话 2 中的妈妈以开放、好奇的心态去了解女儿谈论的内容，不但知道了事件的来由，还能借此机会与孩子针对"明星""爱国主义"等主题进行更深入的对谈和讨论，启发孩子思考，传递父母的观点和价值取向。两种对话方式孰优孰劣，一目了然。

我们正身处快速发展变化的世界，当今青少年的生活已与父母年轻时有极大的不同。父母需要充分意识到这些变化和不同所激发的自身对未知的焦虑，而不是将快速的评判和禁止作为应对焦虑的"利器"。面对未知，父母可以怀着谦逊和好奇的心态向孩子请教，通过他们去了解当今的世界和文化，这种姿态不仅会赢得青少年的信任，也是一种与时俱进、不断学习的开放心态的良好示范。

尊重隐私和空间，建立有边界的关系

看到这个标题，或许父母会心生困惑，什么叫有边界的关系呢？我想请父母先来回答以下几个问题。

- ○ 你允许孩子关门做作业吗？
- ○ 你会翻看孩子的手机和日记吗？
- ○ 孩子能按照自己的意愿决定自己的穿着打扮吗？

这几个问题是我在心理咨询工作中与来访者们谈论频率很高的话题，不少成年来访者回忆起自己青少年时期与父母的冲突时，常常都以上述问题来例证父母对自己的过度控制和超越边界的干涉。父母可能会说："孩子当然应该拥有自己不受打扰的独立空间、决定自己的穿着，父母也应该确保不侵犯青少年的隐私。"但现实生活却没有那么简单和清晰。我对第一个问题尤其有感触，我曾问我的孩子，目前我有哪方面令她不满意，她说的其中一条，便是"你不允许我关门写作业"。我听到以后心中一惊，因为我从未禁止她关门，但我马上意识到，每次她关门，我都会去敲门询问她在做什么，因此她明确感受到我对她关门的焦虑，认为我禁止她关门。亲子之间的互动就是如此微妙，父母在不自觉中已经传递出了许多允许或禁止的讯息。以下将通过两个典型案例来谈论如何建立有边界的关系。

☑ **案例 8-5**

有关青少年安全使用电子产品和网络的讨论和引导

电子产品和网络的使用是最容易引发亲子冲突的场景之一，父母的担忧集中在过度使用和网络安全两个方面。父母担心青少年遭遇网络诈骗、浏览色情网站等，更常见的是担心孩子通过微信等社交软件结识陌生人。面对这些可能的风险，父母会想方设法保护孩子，有时采用的方式可能会侵犯孩子的隐私。例如，父母担心孩子添加了不安全的陌生人为好友，想通过查看孩子的微信通信录的方式排除风险，至于如何查看通信录，不同家长则会采取不同的做法。

做法 1

父母知道孩子的手机密码，趁孩子睡着后打开孩子的手机，发现通信录里没有陌生人。父母又好奇地看了孩子与学校同学的对话，发现孩子好像和某个同学有些暧昧，心里想着要如何验证此事。

做法 2

父母直接告诉孩子对于他的担心，要求看通信录，孩子不同意，觉得这是自己的隐私，同时表达不理解为什么要删除陌生人，父母解释陌生人会带来的风险，并询问孩子为何要添加陌生人等问题。经过沟通，孩子答应会删除陌生人，父母选择相信孩子，接受这种处理方式。

做法 1 中的父母很直接地缓解了自己的焦虑和担忧，但他们接下来要面对孩子发现父母偷看手机的风险。一旦孩子发现了，父母便失去了孩子的信任，这对亲子关系的破坏是极大的，父母和孩子之间从此会上演猫捉老鼠的游戏，父母将长期困扰于对孩子的不信任和焦虑当中。做法 2 中的父母选择坦诚与平等的沟通，孩子最终理解父母并同意删除陌生人，父母也选择相信孩子，由孩子自己来处理。也许会有父母问，如果孩子不删除怎么办？对此，我们只能允许孩子选择冒险，并让他承担相应的结果。让青少年拥有并行使自主权，看到自己的决定与结果的对应关系，才能让他们获得最深刻的学习经验。父母能够允许孩子拥有自己的人生，包括冒险、犯错的权利，这才是真正的有边界的关系。

当然，家长对如何监管青少年对电子产品和网络的使用，一直有很大的争议。不同的父母会有不同的想法、做法，有些父母信任孩子，从不查看；有些父母知晓孩子的手机密码，可以在孩子在场的情况下翻阅查看。这些做法差异很大，但我认为并不存在绝对的正确与错误之分。衡量的标准在于是否适合、有效，其中的关键是父母和孩子是否能充分沟通、彼此理解并达成一致，让孩子感觉被当作独立的个体，被充分地尊重，这是有边界的关系最核心的本质。

☑ **案例 8-6**

有关青少年穿着、打扮的讨论和引导

进入青春期的青少年开始有模糊的性意识，希望通过穿着、打扮来增加自身的吸引力，但父母时常担心孩子的衣着过于彰显性魅力会招致不必要的安全隐患。我们以发生在母女之间的典型场景——晚上孩子要和同学逛街，穿了吊带和超短裤，准备出门——为例探讨如何应对更合适。

对话 1

妈妈："你这么穿太暴露了，还是换一身吧。"

女儿："怎么就暴露了？大家都这么穿。"

妈妈："怎么可能，我没看见你的同学这么穿呀！还是换一身吧！"

女儿："不换，我有穿衣自由。"

妈妈和女儿展开了辩论和拉锯战。

对话 2

妈妈："哇，宝贝你这么穿真好看，充满青春活力！"

女儿："耶！"（开心地照镜子）

妈妈："真的太好看了，我都想多看几眼！"

女儿："嘿嘿！"（得意地冲妈妈笑。）

妈妈："只是妈妈有点担心。"

> 女儿："什么？"
>
> 妈妈："你们要去步行街，今天是假期人很多，你这么好看惹眼，我担心有男生不怀好意地看你，甚至会故意挤你。"
>
> 女儿："他要是敢看我，我就瞪他，要是敢挤我，我就骂他。"
>
> 妈妈："嗯嗯，好样的！够勇敢。只是我在想，换一身穿着会不会避免这样的麻烦？"
>
> 女儿："为什么要因为他们限制我的穿衣自由呢？我不想换。"
>
> 妈妈："妈妈同意你的说法，你有穿衣自由，不想因为这些不怀好意的人而受限制，但恰当地保护自己免受骚扰，也是自己的责任。如果现在是白天，你们要去海边，我觉得完全没有问题，但现在是晚上，去的又是摩肩接踵的步行街，妈妈是有些担心的。"
>
> 女儿："嗯，也有道理，那我换一身吧。"

两段对话中的妈妈所担忧的状况是完全一致的，但对话 1 中的妈妈所站的位置和扮演的角色与对话 2 中的妈妈很不同。对话 1 中的妈妈传递出的潜在讯息是：我来判断你穿着是否合适，我来决定你该怎么穿衣服。很明显，她的站位超越了和女儿关系的边界，侵犯了女儿的自主空间，所以遭到很大的对抗。而对话 2 中的妈妈传递出的潜在讯息是：我很欣赏你的穿衣选择，但是我担心你的安全，我希望你能选择更好地保护自己安全的穿着。她承认并尊重女儿是独立和自主的个体，在他们之间有清晰的边界，妈妈以另一个独立人的身份表达欣赏、爱意和关切，女儿在被充分尊重的情境下，放松地沟通、思考，并最终采纳了妈妈的建议。

　　吃穿住行，是我们生而为人最基本的需要，是安全感的基础来源，能够自己决定吃什么、怎么穿，能拥有自己的独立空间不受打扰、行动自由不受限制（确保安全的前提下），是青少年迈向独立的路途中首先会争取的权利。"独立空间"在这里有三层含义：物理空间、虚拟空间和心理空间。物理空间是指居住空间、活动范围等，虚拟空间是青少年使用的电子产品、社交媒体、游戏、浏览的网站等，心理空间是由想法、感受、想象等组成的丰富的内在世界。父母只有在这些方面充分地尊重青少年要独立自主、守护隐私边界的内在需要，才能帮助他们拥有独立、健康的人格，在成长道路上顺利前行。

第九章

做孩子最坚定的支持者

从心理发展的角度来看，青春期是人生的第二个蹒跚"学步期"。幼儿的第一个学步期是身体层面的学习走路，青少年更多是心理层面和社会意义层面的学步和独立。父母或许都还记得，孩子在 10 个月到 1 岁半之间努力挣脱父母的怀抱试着独自行走的可爱模样，那时父母的心情混杂着紧张、焦灼、兴奋、期待，看见孩子的摇摆和踉跄，想上前帮忙又担心未给孩子留出足够的空间和尝试的机会。此时父母的典型做法是，在孩子前方不远处蹲下身体，拍着双手用眼神和话语鼓励孩子走过来，或者跟在孩子身后，以一定的距离注视、跟随摇摆向前的孩子，确保他的安全，在他跌倒时，鼓励和帮助他站起来，继续往前走。这些场景于父母而言，再熟悉不过。这些描述同样适用于青春期的孩子与父母。在这个阶段，父母的角色依然是那个在孩子身边最坚定的支持者。这个过程中有几个重要的方面需要父母关注：一是帮助青少年发现和认识独特的自我，获得清晰的自我感；二是真诚地欣赏、认可和鼓励孩子，帮助其获得稳定的自尊，提升自信；三是帮助孩子提升情绪调节、应对挫折的能力。只有具备这些，孩子才能在充满挑战的成长道路上坚定地前行。

帮助青少年发现独特的自我，获得清晰的自我感

前文提到青春期的一大挑战是探索和回答"我是谁"，这是个持续终身的问题，即便到了成年阶段，我们依然在思索、寻求答案，只是在不同的阶段有不同的探索内容。随着经验的增长，自我的边界也在不断地扩展和变化。

青少年会如何感受、描述自我呢？一个 13 岁男生这样描述自己："我在某学校念初一，成绩中等偏上，数学比较好，不太喜欢英语和语文。我喜欢打篮球，周末和几个固定的球友一起打球。我的性格有点内向，不太喜欢说话，除了一起打球的同学，跟其他人都不太熟，但我觉得这没什么，好朋友有几个就够了。将来想做什么？还没想好。但我挺想去其他城市上大学。"这段描述包括了个性、喜好、人际关系、学业、对未来的想法等。男孩的叙述中透露着对自我的接纳，这说明他的自尊水平良好。这些内容涵盖了心理学所定义的自我认知的主要方面，如果再加上对自己身体形象的描述，就是比较全面的认识了。而现实生活中，很多孩子还无法

这样清晰地描述自己，他们需要在父母的协助下，慢慢弄清自己是"谁"。我们通过一个案例来看看经常发生在青少年身上的情况。

☑ 案例 9-1

"我觉得自己没什么特点，也没什么特长和优势"

明浩是初二的学生，这周末的语文作业是写一篇关于"我"的自传。老师要求模仿课文，突出描述"我"的几个特点。明浩感到难以下笔，因为他觉得自己没有什么特点，也没有什么特长和优势，于是来问爸爸怎么写。

爸爸："你觉得自己有什么特点呢？"

明浩："我觉得自己没有什么特点，也没有什么特长和优势，没什么好写的！"

爸爸："怎么可能呢！"

明浩："那您说说我有什么特点？"

爸爸："我想想……你不是数理化挺好的吗？"

明浩："这……能算特点吗？再说也没那么好，比我好的人太多了！"

爸爸："那……你篮球打得不错啊！"

明浩："一般吧，我就是瞎玩儿，也没进校队。"

爸爸语塞，和孩子一起陷入了困境……

上面的对话大家是否熟悉？我听过不少家长讲过类似的情况，也看到很多成年人有着相同的困惑。由于各种社会发展的原因，一些人对于自身和他人价值的判定，很大程度上都基于是否"成功""优秀"这样的单一维度，而"成功"又与比较、竞争密不可分，如果不能从竞争中脱颖而出，似乎就失去了价值。有些家庭对孩子的评价也有着类似的倾向，如果孩子的爱好、兴趣并不能发展成一种优势，不能远远优于其他人，那便不值得被称为"特点"。这种价值和观念也会被孩子内化，就像对话中的明浩，虽然喜欢篮球，但因为没有进校队，就觉得不值一提，不能称为自己的"特点"。

大家都熟悉"牛娃"和"普娃"这两个称谓。前者泛指多方面都很优秀、智力超群的孩子，他们可能不只是学业成绩异常优异，也常常在体育、文艺等方面表现突出。后者则指智力、学业表现普通、正常，没有特别突出的天赋、特长的孩子。如果孩子恰巧是"牛娃"，他们会比较容易借此获得独特感，以此来定义自我，但也要警惕这成为孩子浮于表面的标签，有些孩子并不觉得这是内在真实自我的一部分。而"普娃"则可能不容易被看见、欣赏，长期处于缺乏外在正向反馈和认可的状态里，因此也就无法有清晰的自我感和独特感。如果将所有孩子的智力、学业能力水平绘制成一条曲线，我们会发现它是遵循正态分布的，处在曲线两端的孩子是少数，越接近两端数量越稀少，绝大多数孩子都处于中间——都是

"普娃"，这是无法改变的规律。可是一些家长似乎忽略了这样的事实，执着地期待孩子通过努力成为某个领域的"牛娃"，忽视乃至否认"普娃"本身具有的价值和意义。

每一个孩子都是独特的个体，有着独一无二的身体和心灵，外在和内在世界都非常丰富，而个体是否能够意识并欣赏自己的独特之处，很大程度上取决于父母的态度。他们需要在父母的眼中发现和看到自己的独特性。身为父母，你是否会认真观察孩子？是否很清楚孩子的身高、体重、体貌特征？你觉得他有什么特别之处？是独特的发色、纤细的手指，还是耳垂特别大，笑起来有非常小的酒窝？如果你能看见孩子的特别之处，孩子就会把这个特征看作身体自我独特的一部分。

同样，在性格特点、兴趣和爱好方面，父母的关注和反馈依然重要。例如，你的孩子生性活泼好动、精力旺盛，从小睡眠时间就比较少，在幼儿园不需要午睡，到了青少年时期则可能表现为每天很晚才睡。如果你能对此有所发现，并帮助孩子了解自己这一特性，那他们对独特自我的认识就又增加了新内容。在兴趣爱好方面，你是否会仅仅因为孩子能够从中获得乐趣就重视孩子的爱好，而不那么在意他是否在此方面出色？例如，我有位朋友的女儿喜欢足球，她父亲每个周日上午都会陪她去踢球，这一习惯从小学一直坚持到高中，后来父亲已经跟不上孩子的体力。之后，孩子通过网络找到了女子足球俱乐部，结识了一帮志同道合的朋友，足球就在这个过程中逐渐成为她定义自我的一部分。在能力方面，父母是否能够看到除了成绩、学业表现以外的方面？例如，孩子喜欢收纳整理，总是能够把房间收拾得干干净净，抽屉整理得整整齐齐；孩子喜欢动手做饭，小小年纪便包揽全家的早餐，并乐在其中，做出的食物味道也很不错。对于孩子能够做到的事情，父母是觉得理所当然，还是抱着欣赏的态度对此由衷地赞叹、欣喜？如果父母觉得这些是孩子的独特之处，那么孩子也会内化和认同父母的态度。

所有这些身体、个性、兴趣、能力等方面细小的特点组合在一起，就成了一个独特的个体，无须和人比较，无须有格外的成就，只是真实自我自在的呈现，就足以彰显生命的独特性，孩子也会在此过程中发现自我、获得清晰的自我感。父母在其中的作用至关重要，如果用比喻来形容，父母的眼睛就是孩子观察、照见自我的镜子，父母看得越真切、丰富、清晰，孩子就越可能形成真实、丰富、清晰的自我认知。和实体镜子的被动不同，父母是一面非常主动的"镜子"——会说话、能沟通。父母需要主动地观察孩子并给予孩子反馈，在亲子间发起有关"自我认识"的讨论，找寻相关的书籍、资料，引导孩子阅读，父母也可以创造和提供给孩子很多尝试的机会，在真实的体验中，让孩子发现做什么能够引发自己的兴趣、成就感等好的体验。因此，父母也像培育孩子"自我"的园丁，在充分了解孩子的特性的前提下，给予恰当、足够好的养分和照料，就如前述支持女儿踢球的父亲一样，孩子的自我因此有机会苗壮成长，逐渐展露、凸显自己的独特性。

真诚的肯定、鼓励和赞美，帮助青少年建立健康的自尊、自信

当青少年已经对自我有了初步的认识，紧随而至的问题是，他们喜欢自己吗？对自己是否满意？是否相信自己？对想做成的事情，是否有信心？这些问题和两个与自我有关的重要概念有关：自尊、自信。自尊是指个体对自我尊重、认可、欣赏和喜爱的总体感受，与个体的自我价值感密切相关。自信是个体对自我能力的总体评价，是个体实现、达成目标的总体信心。青少年处在生理、心理剧烈变化的阶段，开始踏入越来越复杂的外界环境；学业任务比儿童时期更加具有挑战性；同伴关系在生活中占据越来越重要的地位，成为家庭、父母以外影响青少年情绪的重要来源。已经具备健康良好的自尊、自信的青少年依然会在这个阶段受到冲击，需要通过调整、适应重新获得内在的自我认可、欣赏和稳定的自我价值感。

父母会发现，很多青少年对自己的外表吹毛求疵，花很多时间照镜子，无法忍受脸上的一颗小痘痘，即便父母强调许多遍"没有人看得到"也没有用。父母也可能会感到这个阶段的孩子对批评和

否定格外敏感，无心的一句话就让青少年感觉受伤。这些现象是青少年的自尊和自信处在极不稳定、剧烈晃动阶段的外在表现。自尊、自信原本就基础不牢的青少年此时则会面临更大的困难，但也因此而获得一个机会，去修复、提升原本受损的自尊和自信。无论是何种情况，父母都需要在这个阶段给予青少年足够的关注、回应和支持，尤其是通过真诚的肯定、鼓励和赞美，稳固孩子在这一阶段脆弱、摆荡的自尊和自信。如果将自尊、自信比作一棵树苗，此时大风大雨将这棵树苗吹得东倒西歪，父母既需要为树苗遮风挡雨，也需要在天气好的时候用心施肥浇灌，而真诚的肯定、鼓励和赞美就是营养充足的肥料。

我们通过案例 9-2 和案例 9-3 来讨论具体的做法和相关的内容。

☑ **案例 9-2**

"我觉得自己不够美"

初中女生唐宁对自己的外形感到不满意，觉得自己太胖，常常向妈妈抱怨。事实上，她的体重完全在正常范围内，是中等身材。

唐宁："妈妈，我怎么这么胖呀，一点都不好看！"

妈妈："怎么会呢？你一点都不胖呀！"

唐宁："怎么不胖？我们班女生都才七八十斤，我都九十多斤了。"

妈妈："那是她们偏瘦，而不是你偏胖。"

唐宁："可是那些演员、明星都非常瘦呀！瘦才好看，你看我的照片，脸那么圆，真是灾难现场！"（有点激动）

妈妈："孩子，在妈妈眼里，你就是世界上最美丽的女孩儿！在爱你的人眼里，没有人可以与你媲美。妈妈最喜欢你的脸型了，从你小时候开始就喜欢！圆嘟嘟的、鼓鼓的，看着就元气满满。周围的叔叔阿姨见到你也总说，瞧这孩子的脸圆圆的，怎么这么可爱呢！"（妈妈一边说，一边充满柔情地搂住孩子）

唐宁的态度平静下来。

妈妈："美是个很复杂的事情，可能你觉得这样美，别人觉得那样才好看。我们亚洲人喜欢美白，欧洲人却希望自己的肤色呈现健康的麦色。究竟什么是美呢？你怎么想？"

唐宁陷入了思考，和妈妈聊起关于"美"的话题。随着谈话的进行，她和妈妈的探讨逐步深入，涉及外在美的重要性、外在美与内在美的关系。妈妈倾听唐宁的看法，也分享自己的想法，但并不强求唐宁接受，而是以平等的姿态，让孩子看到不同的思考角度，帮助孩子拓展思考的空间。

　　或许这样的对话对很多父母来说都有些陌生，因为很多人都不太习惯直接的赞美，一些父母更是担心孩子因此过分在意外表，从而有意地避免直接赞美孩子的外貌。但如前文所述，对外貌、身体的感受是个体的自我认知不可或缺的重要内容，会深深地影响个体的自我价值感。外表的美与丑并无绝对的标准，当人觉得自己从外表到内在都被接纳、喜爱，沐浴在欣赏和爱的目光中时，便会对自身的存在感到愉悦、美好。在案例 9-2 中，进入青春期的唐宁会不可避免地受到社会审美取向的影响，开始对自己的外表感到怀疑和不满，自尊也因此在晃动。此时，妈妈感知到孩子沮丧、不满的情绪状态，以及她需要鼓励、确认的内在需要，妈妈以非常坚定而直接的方式，真诚地表达了对孩子外表的肯定和赞美，借此传递出对孩子的接纳、欣赏和深深的爱意，这就像一剂清凉的镇静剂，让唐宁不安和晃动的自尊平静下来。如果此时妈妈没有看到孩子的内在需要，而是直接通过理性的说服来让孩子放弃自己的看法及对外表的执着，可能只会引发孩子的对抗，晃动的自尊也难以恢复平稳。

　　在此，我需要特别指出，真诚的肯定、赞美绝不等同于空洞、虚假的夸赞。真诚是指发自内心、内外一致的表达，无需假装和刻意，表达中富含喜爱、悦纳等情感，这样的赞美才是有力量的。唐宁的妈妈还进一步做了更深入的工作，她通过提问来引导唐宁思考"美"的标准和"美"对于个体的意义，帮助唐宁形成自己内在的审美体系。当然，这并不是通过一次对话就能形成的，这样的交谈应该贯穿在唐宁的整个成长过程中，妈妈的提问只是种下疑问和思考的种子，唐宁会在日后的成长过程中寻求自己的答案，逐渐形成对自己外表的稳定的看法和感受，并将其当作稳固自体感的重要组成部分。

当然，案例中的唐宁原本就拥有良好的自尊，进入青春期只需要重新调整适应，找到平衡，就如根系健康粗壮的树苗，面对风吹雨打，无须特别担忧，但如果是自尊本就不稳定的孩子，对外表的不满可能只是冰山显露的一角，这类孩子需要父母更多的关注与呵护，真诚的肯定、鼓励和赞美则显得更加重要。希望案例 9-3 能够帮助我们更好地理解这种更复杂的情况。

☑ **案例 9-3**

"如果无法保持成绩优秀、独立、自律，我还有价值吗"

初中男生贾宇进入初二以来，因为学习科目、难度的大幅增加，在学习上开始面临比较多的困难，上课注意力不集中，作业也难以按时完成，学习态度比较消极，成绩不理想，和父母的冲突也比较多，整体情绪状态有些低落、易怒。经过学校老师和家长的多次反馈，父母意识到出了问题，想要与孩子沟通并提供支持，但贾宇对此表示拒绝。父母提出为他找辅导老师，他也拒绝了，父母觉得非常困惑，不知道该怎么办，最终听从学校老师的建议寻求专业心理咨询师的帮助。

通过咨询，父母意识到，是贾宇的自尊和自我价值感受到了威胁，导致他不愿意求助。进入初二之前，贾宇的学习成绩一直比较优秀，这也是他自我价值感的重要来源，当考试成绩不错时，他能够明显察觉到父母很高兴，当成绩出现问题时，他发现父母会比较担忧。贾宇的父母工作非常忙碌，陪伴孩子的时间很少，也非常期待孩子能够独立、自律，从小就不断传递这样的期待，因此贾宇很少向父母求助，因为他觉得这样会让父母失望。所以贾宇在努力地维护"成绩优秀、独立、自律"的人设，以保护脆弱的自尊，如果失去了这个人设，他就觉得自己是没有价值的。

有了以上的理解，父母开始按照咨询师的建议，花更多的时间和精力关注、陪伴孩子，与孩子沟通，咨询师还给父母布置了一个任务，让父母每周用心观察贾宇，记录让他们觉得欣赏、佩服的事件或体现贾宇美好品质的瞬间，并及时用言语向贾宇表达肯定、鼓励和赞美。父母开始观察孩子每天的生活，发现孩子有着非常好的收纳习惯，他的房间非常干净，书架上的书排列整齐。有一天爸爸发现贾宇把学校发的资料也都分门别类地放在文件袋里，用标签标注了，一目了然。不太喜欢收拾的爸爸觉得非常惊讶，由衷地感到赞叹和佩服，于是有了以下对话。

爸爸："爸爸今天发现你有一个特别让我佩服的才能。"

贾宇："什么呀？"

爸爸："我发现你居然能把房间收拾得那么整齐，爸爸真的对你这个收纳能力感到惊叹！"

贾宇："有那么夸张吗？（贾宇觉得好笑）这不是很自然的事情吗？乱七八糟的，看着多不舒服呀！"

爸爸："孩子，你觉得理所当然的事情，可能对很多人来说都做不到，甚至是不可想象的，爸爸就是其中一个。"贾宇的脸上有些惊讶。

爸爸："昨天你拉开抽屉，我瞥了一眼，就震惊了！怎么会有人把抽屉整理得这么秩序井然呢！爸爸真的觉得你太厉害了！"贾宇的脸上绽放出有些腼腆、略微得意的笑容。

在这个案例中，咨询师所布置的任务是"别有用心"的，他创造机会让父母细致地观察、了解孩子，还进一步要求及时的肯定、鼓励和赞美。贾宇的父母有很强的自省和学习能力，所以很快地依照咨询师的建议去做。上面列举的对话里，我们完全能感觉到爸爸的"真诚"，最初，贾宇不以为然，但当听见"爸爸就是其中一个"的时候，孩子开始相信了。当爸爸进一步举出"瞥见抽屉"

的细节时，贾宇彻底相信和接受了爸爸的赞美，内心感到喜悦和满足。所以，鼓励、肯定和赞美的另一个关键点是"有具体的细节"，缺乏细节支撑的赞美是空洞的，缺乏说服力，有了具体的细节，整个对话将变得生动，因为人在叙述细节时，容易唤起对当时场景的回忆，情绪感受也相应地会被唤起，富有情感的表达才能真正打动人。

当贾宇的生活中出现越来越多类似上述的对话，越来越频繁地听到父母的肯定、鼓励和赞美时，他对自我的感觉会越来越好，自我价值的内涵和来源也日益丰富，不再只是"成绩优秀、独立、自律"。贾宇在父母面前越来越放松、开放，愿意和父母分享自己在学校的点滴，也开始愿意接受他们的帮助。父母能够明显看到贾宇越来越自信，在学校表现得更加积极、主动。

自尊、自信的形成是个复杂的过程，并非一朝一夕可以完成的，也绝非一日完成终身不变的，而是会随着人生经验、境遇的变化而产生波动。人在婴儿、儿童、青少年时期作为孩子体验到被父母接纳、喜爱，从父母处接收到各种肯定、鼓励和赞美，为这个过程打下了坚实的基础。在成长过程中，人通过自身的努力，在学习、生活和工作中获得技能和能力、完成各种任务、获得成就，都是在为这个过程"添砖加瓦"。自尊和自信的稳定程度与地基的夯实程度息息相关。如果父母从小得到的赞美和肯定不足，或许很难自然地表达对孩子的肯定，对于这类父母而言，他们需要时常提醒自己将看到和感受到的孩子的美好用语言表达出来。如果心存疑虑，也请抱着尝试的心态去做，孩子的反馈或许会让你惊喜。当父母担心赞美言过其实，会让孩子对自己失去客观的判断，以致不付出努力时，不妨回想自身的经历。我们是否曾因为爱人或同事、领导的夸赞而自我感觉良好，不想好好生活、工作？答案不言而喻，我们只会觉得浑身充满动力和斗志，想更好地对待爱人，为工作做出更多贡献，创造更大的价值。同理，青少年也会因此充满自信和能量，笃信通过自己的努力能够克服一个又一个困难，获得一项又一项成就。

帮助青少年提升情绪调节和应对挫折的能力

在本章开头，我们把青少年比作学步期儿童，他们很容易在蹒跚前行的过程中磕磕绊绊甚至摔跤，前文也让我们了解到青少年的"理智脑"发育还不成熟，"情绪脑"又受到激素的影响，认知功能和情绪调节能力尚不完善，因此很容易产生各种不良情绪和挫败感受，并且情绪体验会比较激烈。而当人被强烈的情绪所影响时，大脑很难理性地思考，做出对自身有利的决定，在执行决定时也会出现困难。所以，青少年和学步期儿童一样，非常需要父母的支持，帮助他们提升情绪调节和应对挫折的能力，克服成长路途中的艰难险阻。

在谈论如何帮助青少年之前，父母可以先试着评估自身的情绪调节和应对挫折的能力。如果父母自身在这些方面有困难，可能就会难以帮助孩子，甚至会因为孩子的状况引发自身的焦虑。此时，父母的首要任务是先意识到并照顾自身的情绪，再想办法支持孩子，尽量避免自身的情绪给孩子增加新的压力来源。看到这里，你或许会觉得做父母太难了！是的，这常常是我们身为父母所面临的处境和内心感受，因此，父母也要拥有自己的支持系统，在有需要时寻求伴侣、朋友或其他有类似经历的家长的帮助，调节好自身情绪之后，才能重新蓄积能量，充当孩子暂时的情绪容器。

当孩子情绪激烈时，最有效的帮助是倾听、共情，邀请孩子讲讲是什么让自己有情绪，过程中帮助他用词汇来描述情绪和感受，增加对情绪的理解和调节，等情绪平稳之后，再帮助孩子调用认知和理性，来面对引起情绪的困难，我们用案例 9-4 和案例 9-5 来具体说明。

☑ **案例 9-4**

如何帮助处于激烈情绪中的青少年

上初一的张端花了整晚做语文作业，结果在保存 PPT 的环节误操作，点了"取消"，一晚上的努力前功尽弃。当时已经是晚上 11 点，张瑞情绪崩溃，气得把手上的鼠标摔到地上。妈妈听见声音，进来关心地询问。

妈妈："怎么了？"

张瑞不回答，气呼呼地趴到了床上。

妈妈走过去，把手放在孩子的后背上。

妈妈："发生什么事了，孩子？"

张瑞："破鼠标！我明明点的是'保存'，它却给我取消了！什么都没有了，都白做了！"

妈妈听他一阵咆哮，基本明白是怎么回事了。妈妈一边用手抚摸他的后背，一边安抚。

妈妈："那真的是好可惜呀！花了这么多时间，一下都没了！"

张瑞："就是！我弄了一晚上，都白弄了！"

张瑞声音哽咽。

妈妈："嗯嗯，你很生气、很委屈。"（继续抚摸后背）

张瑞默默地抽泣，持续了一会儿。妈妈没有说话，只是陪在身边，继续抚摸后背。张瑞情绪平缓了下来。

张瑞："妈妈，现在怎么办？明天交不出作业了！"

妈妈："我们一起来想一想吧。"

张瑞："我不想重新做了，我好困。"

妈妈："行，明天和老师解释一下。"

> 张瑞："但这是小组作业，别的同学都会受到影响，我还
> 　　　是得做！但是我好累啊！"
>
> 妈妈："这的确很矛盾！不过妈妈觉得你这么有责任心，
> 　　　为同学考虑，真的挺棒的。那你评估一下大概需
> 　　　要多久，有了第一次的基础，应该不用那么长时
> 　　　间呢？"
>
> 张瑞："嗯，应该会比第一次快很多，可能一个小时吧！"
>
> 妈妈："这个时间你能坚持吗？"
>
> 张瑞："我觉得可以！"
>
> 妈妈："孩子你真是好样的！妈妈给你拿些好吃的，给你
> 　　　补充些体力，好不好？"
>
> 张瑞："行！"

　　这是一个成年人遇到都会很崩溃的场景，何况是十几岁的青少年。案例中的妈妈情绪稳定，处理得非常恰当，充分共情孩子，帮助他释放了愤怒、挫败等情绪，之后又引导孩子重新思考如何应对困难。其中有几个要点，非常值得父母学习。

　　首先，情绪的唤起让孩子的身体处于紧张的状态，妈妈对孩子进行了身体的接触和安抚，直接的身体接触尤其是对后背的安抚，能够使由情绪引发的张力通过身体的放松得以释放。其次，当孩子感到挫败时，往往会下意识地寻找替罪羊，如案例中的鼠标，妈妈

没有纠正孩子，也并不顺着他说，而是直接回应行为背后的感受，妈妈说"好可惜呀"，这说出了孩子的感受，也表达了妈妈的心疼，让孩子立刻感受到被理解和支持，难过和委屈的情绪瞬间涌上来。最后，妈妈耐心地等待孩子的情绪缓和，而不是急于把孩子从情绪中拉出来，立刻投身于解决问题（面对这种情况，父母常常会比孩子焦虑，主动冲在前面想要帮孩子解决问题，这往往会增加孩子的烦躁，让孩子缺乏空间和时间去体会、消化和代谢挫败带来的情绪，他们很可能还会抗拒父母提出的各种方法和提议，最后父母也非常受挫）。所以，张瑞的妈妈非常明智而耐心地等待孩子的情绪缓和，等待孩子自己思考要如何面对当下的处境。

妈妈并没有替孩子做决定即是否重做。她非常清晰自己的角色应该是站在旁边，看着小孩踉跄前行，当孩子摔倒时，可以陪伴在侧，用言语安慰和鼓励他，等他自己站起来继续前行，而不是着急地拉着他往前走。妈妈深知这是孩子需要面对的困难，是他需要担负的责任。每一次摔倒后能够靠自己的力量站起来继续前行，对孩子来说是重要的练习，不仅是经验的获得，也是信心的积累。当然，妈妈也并没有什么都不做，当孩子感到犹豫矛盾时，受限于有限的认知能力，可能无法独自找到解决方案，妈妈通过提问的方式帮助孩子思考，引导孩子评估各种因素。这让孩子清楚了要面对的困难，形成了掌控感，因此能够决定是否要重新做作业。

妈妈最后还拿出"杀手锏"——我们吃点东西补充下能量吧！

别忘了，食物不仅是物质能量的补充，更是最直接的心情愉悦剂。记得小时候安慰孩子时百试不爽的棒棒糖吗？此时的青少年也需要这样一颗"棒棒糖"的安慰。

☑ **案例 9-5**

如何鼓励遭遇挫折的青少年

李诺下决心要提升语文成绩，所以最近这段时间听课特别认真，课后作业也都认真对待，尽力写好。老师注意到李诺的作业质量有所改善，就表扬和鼓励了李诺，父母也看在眼里。可是最近一次测试，李诺的成绩并没有明显的改善，李诺感到很挫败，觉得无论怎样都学不好语文。

李诺："算了，努力也没有用，我就是学不好语文。"

爸爸："为什么会这么说呢？"

李诺："看不出来吗？我努力了一个多月，最后考试成绩还是和之前一样，没有任何进步，努力有用吗？"
（李诺生气地提高语调）

爸爸："你是说这次考试成绩吧？爸爸理解你的心情。努力那么久，可是成绩却没有进步，肯定会感到有些沮丧，觉得努力白费了！"

李诺："对啊，都白费了！"（感觉生气的语调变低了些，

却透露出无力感）

爸爸走过去，把手搭在孩子的肩膀上。

爸爸："我知道这是你此刻的想法，并且还深信不疑，不过爸爸有些和你不一样的看法，你想听吗？"

李诺："好啊。"

爸爸："你感到沮丧是因为觉得努力白费了，但我觉得并没有白费，因为前几天我还听见你很开心地说，老师表扬你语文有进步，那说明你的努力是有成效的。"

李诺："可是这次成绩还是不行啊。"

爸爸："成绩不理想的确让人难受，可是一次成绩不好，就能代表你真的没有进步吗？有没有可能有偶然因素，如没发挥好？"

李诺："我没这么想过。"

爸爸："李诺，爸爸可是看见了你最近的努力。那天你主动和爸爸谈朱自清的《背影》，说了触动你的那些细节和语句，爸爸也被你的描述感动了。我觉得你真切地感受和领会了作者想传递的情感，这说明你有着非常好的情感共鸣和感受的能力，再加上你的认真和用心，怎么会学不好呢？最近爸爸也看过你写的作文，有些细节描述都把我逗笑了，写得幽默、生动而有趣！所以，你真的有很大进

> 步啊！"
>
> 李诺明显地开心起来。
>
> 李诺："嗯，那篇作文我也很喜欢，我也觉得其实我是有
> 　　　进步的，但是为什么会考不好呢，好奇怪！"
>
> 爸爸："你愿意和我一起看看错在哪里吗？说不定就找到
> 　　　原因了。"
>
> 李诺："好呀。"

　　当人处于低落的情绪中时，认知也会产生偏差，很容易产生以偏概全的负面认知，加上青少年的情绪和思维都具有极端性，因此受挫时容易陷入一切都很糟糕的灾难化思维里，也很容易想要放弃。爸爸首先在情绪上共情了李诺的挫败和沮丧，这让李诺感觉好了一些。之后，爸爸先表达了对李诺状态的理解，并试探性地询问，看李诺是否有心理空间来听听不同的想法，在征得同意之后才开始表达。爸爸的这些做法很好地满足了青少年的自主感和被尊重的需要，为谈话创建了良好的基础。接着爸爸对李诺的进步直接表达了肯定和赞美，并且用事实和细节来充分说明，有理有据且有情感。及时的赞美让李诺从沮丧低落的心情中走出来，使他恢复了理性。这里我们再次看到肯定、鼓励和赞美的强大力量。某种程度上，此时的爸爸暂时充当了李诺人脑认知功能的"外挂系统"，通过回顾最近的进步并指出思维中以偏概全的错误，爸爸帮助李诺全

面地思考当下的情境。这对于李诺是非常好的示范，他会逐渐内化这种调节情绪和全面思考的方式，更加独立地应对成长路上的挫折体验。最后，爸爸和他一起分析、总结失败的原因，迈出了从挫折中学习的重要一步。

在以上两个案例中，父母采用了倾听、理解和共情的方法，在交谈中帮助青少年调节情绪，恢复理性思考。除此之外，父母还可以使用很多方式来帮助青少年，如带着孩子出去走走、做运动、接触大自然等，通过暂时离开受挫的情境、转换身体状态等方式达到调节情绪的目的。在此需要特别向父母指出，情绪是伴随人类终身的不可消除也无需消除的自然存在，无论是积极情绪还是消极情绪，情绪的存在有其不可替代的价值。缺乏情绪体验，人类就如同行尸走肉，失去了存在的意义。有些父母和家庭对负面情绪有着错误的认知，认为其没有存在的必要和意义，当孩子生气、难过时，父母会表现得烦躁、厌恶，想尽办法要求孩子压抑、不表达负面情绪，这种做法会给孩子的身心发展带来诸多的不良影响。所以，我们需要再次强调，情绪调节的目的绝不是抑制、消除情绪（情绪也不可能真正被消除），而是允许、鼓励和促进情绪的表达、释放，帮助青少年恢复平静状态，降低负面情绪对其认知、行动功能的限制和破坏，通过这样千百次的重复和锻炼，青少年容纳、调节情绪的能力逐渐增强，从挫折中站起来继续前行的能力也会日益提高。

第十章

设立与守护边界

　　青少年的独立一方面需要父母温暖的支持做坚强的后盾，另一方面也离不开清晰、稳定的边界来确保青少年在安全的空间内自由探索、驰骋。此处的边界首先指的是父母与孩子之间的界限，父母需要尊重孩子是独立的个体，有权利和责任走自己的人生道路，过自己想过的生活。关于边界的具体内容，我们在前文已经有所阐述，在此我想补充强调的是，或许父母对此深表认同，可是真正做到尊重边界、帮助孩子发展成与我们相互独立又关系密切的主体，实属不易，父母和孩子甚至常常在边界议题上产生冲突。

　　孩子成长到青春期后，他们想要独立的内在动力越来越强，而父母则容易因为孩子的身体和意志都不再受自己的控制而产生各种焦虑和不安，于是努力地想掌控孩子。父母应该还记得当孩子处于学步期时，我们时常想抱着孩子走，觉得这样省心省力，但孩子总是努力地想挣脱我们的怀抱，自己行走，即便会摔跤，他们也在所不惜，因为想要独立行走的内在动力实在太过强大。如果我们不允许孩子自由行走，就好比《西游记》里的孙悟空和如来佛祖，一个想尽办法飞到天边来证明自己，另一个则绝不允许对方翻出自己的五指山。这种情况下，青少年常常会在内心产生强烈的抗拒，有时会用争吵的方式表示抗议，有时则表现得更为消极而隐蔽。父母或许都有这样的感受：当我们急得像热锅上的蚂蚁，孩子却表现得非常淡定，无动于衷，无论我们说什么，他们都没有反应，以沉默对抗，父母对此束手无策。此时，或许父母需要停下来去检视，是否在与孩子的边界上出现了问题。

除了父母与孩子之间的界限，边界的另一层含义，是指能够为青少年提供自由、安全地探索、成长的空间的边界，它包括了法律、道德、社会规范、学校规则等来自社会的外在约束，也包括来自父母和家庭为青少年设立的行为准则、规矩和期待。在边界构成的空间里，青少年是自由而安全的，超出社会约束的边界，会有相应的法律惩罚、道德谴责和学校的惩戒，这些是显而易见的清晰界限，青少年通常会毫无困难地认同和接受。但涉及家庭和父母所设立的边界时情况则复杂得多：一是设立的边界本身所包含的内容，该为孩子设立多少规矩和准则，需要涉及哪些方面；二是应该以什么方式设立边界，是父母全权决定，还是和孩子讨论；三是边界打破后，该如何应对，该有惩戒吗？本章将就这些方面逐一讨论。

内容：明确规则，表达期望

我们首先要谈所设立的边界的内容，这其中需要重点讨论规则的设立。父母与青少年设立规则，首先是为了确保青少年的安全与健康，这部分内容是多数父母的共识，也比较容易在父母和孩子间达成一致。父母需要明确向青少年说明，禁止做不安全、伤害健康的行为，如喝酒、吸毒、未征得同意在外过夜、性行为、借钱等，也要列出必须遵守的安全规则，如出门需要征得父母同意、让父母知晓去处等。

规则的设立还包括与家庭和父母的期望有关的内容，这通常涉及品质、价值观，诸如"任何时候都不能说谎""做错事情勇于担当"等，这部分与父母的价值观和家庭文化密切相关，因此可能每个家庭都不相同。当父母看到子女在价值取向上与自己的期待有很大的偏离时，会产生巨大的焦虑，因为道德、价值观构成了我们心理安全的边界，当孩子越过我们内心的安全边界，我们就会担忧孩子误入歧途。一位母亲参加学校举办的亲子活动，听到孩子长大后的梦想是"赚很多钱，想买什么就买什么"时，感到非常焦虑，她认为这是孩子的价值观出问题了，于是回家后质问孩子为什么这么想。孩子对母亲的质问感到困惑、委屈，完全不想与她沟通，于是亲子间产生了冲突。由此我们应该明白，父母能够花时间对自己的人生观、价值观进行反思和总结，并在恰当的时候与孩子沟通，将对孩子的健康成长非常有益，并且这样的沟通应该是持续、反复的，所谓"言传"和"身教"，二者缺一不可。

最后，关于规则的设立，我想补充的是与行为表现和学习习惯有关的内容，诸如"主动分担家务""先写作业再玩"等，这些规则通常存在个性差异，每个家庭各不相同。当父母觉得有必要以规则的形式来规范孩子的行为时，就可以尝试设立规则。与其他规则相比，这部分规则在执行的过程中更容易产生各种问题，父母可以根据情况来进行调整。

方式：如何与青少年设立边界

关于如何与青少年设立边界，我们依然重点讨论规则的设立。与儿童相比，与青少年设立规则会更加复杂和困难。对幼小的儿童而言，来自父母的要求是不可违抗的"铁律"，必须遵守，儿童很少质疑这些规则的合理性，但青少年已经有部分独立思考的能力，且对自主性的要求强烈，所以他们需要理解为什么要设立这些规则，并从内心认同和接受，才可能去执行。如果青少年对规则心怀抵触，那么规则的执行最终将以失败告终。所以，与青少年共同设立规则，充分地讨论、沟通，让孩子感到有选择权、自主权，是规则能够被成功执行的关键。父母与青少年设立规则的最终目标是青少年能够将这些规则内化为对自己的要求，实现自律，因此从规则的设立初始，就需要让青少年充分地参与其中。我们将以电子产品的使用规则为例，来说明这个过程。

第一，与青少年沟通为何需要设立规则。电子产品的使用可能是这个时代最有争议的事情，孩子们或多或少都在这个事情上和父母有冲突，父母担心孩子过度使用手机，沉迷于游戏、网络不能自拔，或担心孩子浏览不健康的网站、被网络诈骗，又或者加了陌生人的微信，交了不良朋友等，而这一系列担心源于青少年还缺乏足够的认知判断能力和自我约束能力。与此同时，我们处在极度依赖电子产品的时代，学校布置作业、老师与学生的沟通、青少年之间的沟通都需要通过手机实现，青少年也需要通过网络获取最新的资讯、学习资料、娱乐产品。如果使用得当，手机和网络是学习生活的好帮手；如果使用不当，我们都可能沦为手机的奴隶，被手机和网络所控制，影响学习、生活甚至健康。所以，简单粗暴地禁止使用手机，并不是理想的办法，帮助孩子能够安全、健康而自律地使用手机和电子产品，才是父母的终极目标，但在孩子能够自律之前，或许需要很长时间"他律"的帮助。以上这些论述，是父母可以与青少年沟通、交流的内容，由此让青少年理解为何需要设立规则，这将是规则能否被执行的前提和基础。

第二，邀请青少年共同设立电子产品使用规则。当父母与孩子清晰地沟通设立规则的原因之后，可以邀请孩子共同思考，如何安全、健康而自律地使用电子产品。孩子的答案可能会非常零散，如

"不能把家庭地址公布在网上"等，父母需要及时地肯定孩子，鼓励孩子更多地参与思考和制定规则的过程中。父母提出某项规则后，要允许青少年质疑，与他们耐心、充分地协商讨论，也要适当妥协，最终达成一致。例如，父母提出每天 10：00 之后禁止使用手机，孩子可能会提出异议，父母一方面需要解释原因，另一方面也要允许孩子讨价还价，如变成 10：15，这 15 分钟的让步很重要，青少年会因此获得自主感和掌控感，减少对抗。

第三，规则尽量清晰明了，简单易行。例如，"不可躺着使用手机"就比"不可长时间使用手机"更加清晰可操作。

第四，需要包含惩戒规则。例如，违反 3 次则禁用手机一周。

第五，规则一旦制定，就要执行。但这一点说起来容易，做起来难，因为执行规则，就势必会产生亲子之间的冲突，这也是让很多父母感到有压力的部分。有时父母为了避免冲突，就放弃了规则，也放弃了对孩子的管束，可是一旦看见孩子迷恋手机，焦虑瞬间袭来，很有可能又一次爆发亲子冲突，导致父母和孩子都陷入困局中。显而易见，放弃管束并非解决之道。

当边界被打破：温和地坚持，不带攻击、伤害地批评和惩戒

父母都期待青少年信守承诺，遵守共同设立的规则，但往往事

与愿违，孩子总是会有意无意地打破规则。在日常的生活、学习中，孩子无可避免地会犯错，这些都很容易引发亲子间的冲突。父母如何在冲突产生后温和地坚持原则，适时妥协，如何妥善运用批评和惩戒，避免羞辱和攻击？这是对父母智慧、耐心的考验，也是青少年从父母处学习如何与规则、权威相处的重要途径。我们继续以手机使用为例，来探讨冲突的解决。

☑ **案例 10-1**

郭尚哲与父母约定，每天完成作业后才能使用手机，可是父母发现，最近孩子都在一边玩手机，一边做作业。妈妈决定和孩子谈一谈。郭尚哲在房间里玩游戏，心情不错，妈妈觉得时机到了，开始了如下对话。

妈妈："郭尚哲，我需要和你谈一谈手机的事情。"

郭尚哲："怎么了？"

妈妈："昨天妈妈发现你一边玩手机，一边做作业。"

郭尚哲："没有啊。"

妈妈："其实有好几次我进你的房间，都看见你匆忙放下手机，转头去做作业。"

郭尚哲："我就看了一下。"

妈妈："郭尚哲，说谎话不好，骗妈妈也没有用。"（语气

平静而严肃）

郭尚哲不说话。

妈妈："妈妈相信你在努力尝试遵守约定，我们来一起看看出了什么问题，让你无法做到完成作业再玩手机。"

郭尚哲："我原本就是想看一眼的，可是不知为什么，看一眼就停不下来了，时间就过去了……"

妈妈："手机是非常有诱惑力的，我们成年人也很难抵挡诱惑，何况现在的大数据很厉害，你看了一个视频，算法就会推送其他相似的视频给你，你就会一条接一条地看下去，难以停下来，所以就需要想办法约束自己。"

郭尚哲："那我明天不看了。"

妈妈："好的，你再试试看，妈妈相信你会尽力去做。"

接下来的两天，郭尚哲仍然一边玩手机，一边做作业。

妈妈决定按照规则来实施惩戒。

妈妈："郭尚哲，已经连续三天了，你没能按照约定做到先写作业再玩手机，那接下来的一周，每天使用手机的时长就从 1 小时变成 10 分钟了。"（语气平静）

郭尚哲："凭什么？我不同意。"（很生气）

妈妈："我知道你很生气，但我们得遵守我们设立的规则呀。"

郭尚哲："那个规则不是我自愿签的，是你们逼我的。"

妈妈："妈妈理解你会生气，但当时确实是我们一起设立的规则，咱们得遵守。"（温和的坚持）

郭尚哲继续发脾气，和妈妈争辩。

妈妈："你在气头上，妈妈不想和你争辩，等你情绪好一点，我们再沟通。"（平静而坚决）

妈妈走出孩子的房间，给孩子时间和空间平静下来。大约过了 30 分钟，郭尚哲来找妈妈。

郭尚哲："妈妈，能不能让我再试几天？"

妈妈："孩子，妈妈知道你很想再试一试，可能也觉得再试试一定能行，但我们有约在先，君子'一言既出，驷马难追'，我们要按照设立的规则来。"

郭尚哲很不高兴，但看到妈妈如此坚决，也只能接受。

郭尚哲妈妈的情绪自始至终都稳定而平静，并未因为孩子违反规则而怒气冲冲，即便之后郭尚哲对使用手机矢口否认，又争辩并非自愿设立规则，妈妈也没有发火。这对父母而言非常不易，却至关重要。一旦父母情绪激动，孩子很容易心生抵触，产生激烈的对抗，那么沟通十有八九是无效的。孩子在心理层面也容易形成"我接受惩罚是因为妈妈不高兴"的结论，而不是"我因为违反规则而需要承担结果，接受惩罚"。

对话过程中，当郭尚哲试图否认违反规则时，妈妈只是平静而坚定地向孩子指出"说谎话不好"，妈妈心里虽然不高兴，但没有任何言语的攻击。有些父母面对孩子说谎，会有强烈的反应，用过激的语言责骂孩子，例如，"你怎么能说谎呢？你这孩子品质有问题"，究其原因是父母过度的焦虑及灾难化的思维模式在背后作祟。父母需要时常提醒自己，青少年虽然有着成年人的外表，但内核还是孩子，需要给予他们足够的容错空间。此外，郭尚哲的妈妈一直对孩子抱着信任的积极心态，对孩子表达"妈妈相信你在努力尝试遵守规则""我相信你会尽力去做"，这样的语言传达了信任和鼓励，避免让孩子觉得自己很糟糕，也让孩子更有信心去克服困难，努力遵守规则。

当郭尚哲连续三天无法遵守规则时，妈妈提出按照约定的方式惩戒，郭尚哲对此反应激烈，但妈妈并没有因此妥协。面对郭尚哲闹脾气，妈妈给予空间和时间，等待他的情绪恢复平静。不甘放弃的郭尚哲提出再试几天，妈妈仍然没有同意，坚持按照约定来。从头至尾，妈妈都态度温和且坚持，坚定地执行规则中的惩戒。这样的态度——不过度严苛，也不轻易纵容——最终将被孩子内化为自己对待自己的方式，成为孩子自律的基石。

在这个过程中，郭尚哲有很多负面情绪，妈妈对此表示理解和接纳，但并不因此妥协，也不做更多的处理，因为她相信郭尚哲需要学会面对挫折。有些父母会因为孩子生气、发怒、有负面情绪而觉得格外难以处理，因为他们很难耐受孩子的负面情绪，于是希望通过言语的斥责让孩子消除负面情绪，或者他们干脆妥协，或给予补偿，从而让孩子快速地从负面情绪中解脱出来，这其实剥夺了孩子充分体验、面对、消化和处理负面情绪的机会，使他们无法在情绪调节方面获得成长。

每个孩子的个性不同，有些孩子可以轻松地接受父母所设立的规则和规范，并无太多质疑，这种情况是比较容易处理的。有些孩子非常喜欢辩论，父母就会在设立规则、约束孩子时遇到比较多的困难。当孩子的对抗很强烈时，父母或许需要先停下来检视亲子关系是否出现问题，亲子关系永远是养育孩子过程中最重要的基础。面对冲突和对抗，理解和沟通是不二法宝。

设立规则和惩戒也只是手段和途径，并非目的，最终目标是帮助青少年形成良好的习惯，实现自律。如果孩子反复打破规则，表明孩子在执行上存在困难，父母需要帮助孩子寻找原因，找到解决方法。

掌握而非控制青少年的行踪和动态

青少年虽然已经具有成年人的身高、体格，但本质上仍是未成年人，没有足够的能力保护自己的安全，前文也论述过，青少年面对的世界充满各种危险和风险，因此父母仍然需要掌握孩子的行踪和动态，包括在学校是否顺利？是否与同学正常交往？周末和朋友去哪里游玩？平日在网络上大多浏览什么网站？等等。只有对这些有足够的了解，才能避免孩子身处风险而父母浑然不觉、一无所知的状况出现，防范风险于未然，并在孩子出现困难时，父母能及时地提供帮助。

掌握这些信息，理想的状况是我们和孩子的关系足够好，孩子愿意主动把各种信息与我们分享，但青春期的孩子常常不喜欢父母把自己当作小孩，因此不愿像小时候那样，事事请示，事事报备。所以，父母需要更有智慧地与孩子保持沟通，了解孩子的动向。也要与孩子约定，在对于所交往的人、所遇见的事情心存疑虑时，需要与父母沟通。

当然，父母需要区分"掌握"与"控制"。当我们想要努力把处于青春期的孩子牢牢地限定在我们认为安全、可控的范围，试图对他们的行踪了如指掌，希望他们按照我们认为对的方式生活、学习时，很有可能引发青少年的对抗。虽然对孩子事事控制的父母自己会觉得非常安全，但对孩子来说，则是一种非常恐怖的体验，好似孙悟空发现无论怎么折腾都飞不出如来佛掌。面对控制的父母，青少年的愿望只有挣脱，至于挣脱后要去哪里，路途是否安全，已经完全不是孩子所考虑的重点，他们只想要"自由"，想要"我说了算"。所以，父母能够清晰地意识到并时常提醒自己"我们与孩子的关系不是如来佛祖与孙悟空的关系，而是副驾驶座位上的教练和新手司机的关系"，就显得尤为重要。

本部分已接近尾声，正在阅读此书的父母有何感受？是否像我一样心生感慨——做父母好难！曾经有一次，在和女儿发生激烈冲突后，我气呼呼地向父亲诉苦，父亲劝我要忍耐，我在气头上脱口而出："凭什么，我又不欠她的！"父亲回应："做父母就是要为孩子付出的啊！"我愣了一下，父亲接着说："孩子每个阶段都有让父母发愁的地方，怎么办呢？为人父母就是这样啊！"。听完这句话，我似乎也无话可说，气也消了一半。父亲的观点是否正确固然值得商榷，但毋庸置疑的是，这朴素简单的话语背后，蕴含着父母宽广的胸怀与深深的爱意。我们的祖辈、父辈就是心怀这样的爱意与包容才能化解养育子女的艰辛岁月里一次次的生气、委屈乃至失望。而子女也正是在与父母一次次的冲撞与和解中，对父母的信任日渐深厚，与父母爱的联结愈加稳固。父母的爱与包容是对青少年最温暖和有力的支持，也构筑了青少年最广阔和坚固的边界。

也许有些父母看到书里阐述的内容、列举的案例和对话时会觉得深有共鸣，很有启发，但又觉得太过理想，难以做到。坦诚地说，我也时常做不到，当孩子与我的期待不符时，我也会失望，难以做到无条件积极关注、尊重与接纳；当孩子犯错时，我也经历过情绪失控，出口伤人；当我太过焦虑时，也不免越过边界，越俎代庵。这些都再正常不过，因为我们都是有着自己的喜怒哀乐、会犯错、不完美的普通人。重要的是，我们能有觉察和反思，只有父母能看见和理解自己的不易、挣扎、焦虑和努力，善待自己，才能真正对孩子做到宽容与接纳。每个家庭、每对父母各不相同，每个孩子也都个性迥异。父母只有真正地看见并理解自己和孩子，才能最终找到适合自己的与青少年子女的相处之道。

第四部分

从家庭系统看青少年的问题与成长

作者：李泽华、章扬清

面对青少年，家长的关注点通常涉及两个方面：第一，该怎样帮助孩子发挥优势；第二，如何有效地解决问题，避免其影响孩子的未来。当家长呕心沥血地思考如何培养孩子的时候，是否想到了另外一个对孩子影响深远的资源——家庭系统？没错，家庭系统对孩子的重要性如同土壤对植物的重要性。当家庭系统具有健康的边界和功能，并且具备良好的复原力时，无疑能够给孩子最好的支持。同理，当孩子出现问题时，我们在关注孩子本身的同时也可以观察整个家庭系统是否出现了问题，这将为我们创造更大的空间——去理解问题、消化问题、将问题转化为资源，并为孩子提供更好的成长环境。

第十一章

家庭是一个系统

"每天在医院门诊见到很多父母和孩子，听到很多故事，有些故事很相似，有些故事又很独特。他们是父母和孩子，同时也是独特的个体。每个故事中的人都在渴望着真实的相遇，渴望着内心无法言说的部分能够真实地被看到和听到。希望这些文字能够遇见一部分的你、我和他。"

上面这段文字是我（李泽华）公众号的介绍语，很好地描述了我在儿童医院心理科门诊工作 5 年的心理感受。虽然父母们通常都是以孩子出现某问题的名义来看诊，但是我们可以看到家庭中错综复杂的关系脉络在如何影响着这些孩子们。

换句话说，有时候我们以为是孩子病了，实际上是整个家庭病了。我说的整个家庭病了，并不是说父亲或母亲有问题，也不是说只要孩子出现问题，父母就应该承担责任。而是想提出一种看待问题的角度——从家庭系统看孩子的问题与成长。提到家庭系统，就需要将它与家庭治疗中的两个概念联系起来：循环因果和线性因果。

循环（系统）因果和线性因果

线性因果是指"因为 A，所以 B"。举例来说。当我们发现一个孩子不想去上学了，如果从线性因果的角度去分析，我们会联想到某个原因，例如，他最近很喜欢熬夜玩游戏，可能是因为游戏成瘾所以才不想去上学；老师批评了孩子，所以孩子不想去上学了。通过这种因果分析，我们可能会从我们认为的这个因素入手去解决问题。线性因果是一种非常确定性的思考问题的方式，它假设一个问题的出现有一个非常确定的原因，只要我们找到这个原因就能够解决问题。

循环（系统）因果的假设与线性因果的假设不同。循环因果会从更加整体和系统的视角去看待一个问题，A 和 B 两件事情可能在一定程度上互为因果，同时可能还有 C、D、E 等其他因素在互相影响着彼此，这些因素共同造成一些结果。拿上文的例子来看，如果我们进一步搜集信息会发现，那个不去上学的孩子的父母近期冲突很多，正在闹离婚，父亲搬出去住了，母亲非常焦虑、痛苦。孩子也是在这件事发生的前后开始出现熬夜玩游戏的现象，之后开始不愿意上学。当孩子不去上学后，父母的关注点似乎从彼此的矛盾上转移了，开始了合作，想要共同解决孩子不上学的问题……

就这个故事而言，我们还可以展开更多的细节，但是让我们先停在这里，大家有没有对孩子不上学这件事情有更多的认识？我们看到，从循环因果和线性因果的角度看问题有很大的不同，解决问题的切入点也是不同的。通常，当青少年出现问题，而针对青少年个体的众多干预方法都难以起作用时，我们就要考虑是否整个家庭系统出了问题，而对此的解决方法，通常是家庭治疗。

系统与系统的边界

说到"系统"，我会想到家庭系统理论的奠基人默里·鲍文（Murray Bowen）提到的一个很有意思的例子。系统不只在人类社会中存在，在动物界中也同样存在。系统是一个基本的情绪单元，也就是说我们如何去判断不同的成员是不是一个系统，去看系统中成员之间情绪的穿透性就可以了。例如，同一个羊圈里的羊就是一个系统，因为一旦其中有一只羊因感到不安而开始躁动，羊圈中的其他羊也会很快感到不安，逐渐地，会变成这个羊圈中的羊群躁动不安，而此时马路对面的另一个羊圈里的羊就不会那么容易受这种情绪的影响，它们可能会困惑那里发生了什么，但是并不会感到那么强烈的不安。

这其实很好地描述了系统的概念，当然系统并不只包括家庭系统，还有社会结构的系统，也就是说，有微观层面的系统，也有宏观层面的系统，我们在这里更多关注的是微观层面的家庭系统。在一个大系统之下也会存在子系统，我们如何判断这个系统的边界在哪里，很多时候就是看情绪的穿透范围。

其实我们可以回想一下，如果你的伴侣回家时面色有些凝重，这种情绪是不是立刻就会影响到你？而这时也许你的孩子正走过来向你要一些零花钱或表达想多玩一会儿游戏的愿望。平时你可能会很平和地跟孩子交流，但这个时候你心里可能一直记挂着伴侣的情绪，因此有些不安和不耐烦，可能会很生气地骂孩子一顿，嫌孩子没有眼力见儿。这时孩子可能也会很委屈，然后去找你的伴侣，你的伴侣可能会觉得你为这点事儿凶孩子很没必要，然后两个人就开始你一言我一语地吵了起来……

大家看到没有，这可能是很日常的一个场景，一开始面色凝重的家庭成员可能是工作上遭遇了不顺，这时其情绪和其他家庭成员没有什么关系，但是这种微小的情绪最终在家里引起了一场轩然大波。这就是情绪在家庭系统中的快速的穿透和传递，只要你在这个系统之中，就很难避免被彼此的情绪所影响。简单来说，家庭系统就是父母、孩子（有时还有其他家庭成员，如共同居住的爷爷奶奶）等共同组成的一个情绪相互影响的、以循环因果为基础的小群体。

我经常会在门诊听到一些父母说，"只要孩子开心就够了，孩子开心我们就开心，孩子不高兴，我们就都很难受"，这当然也是实际发生的情况，但是结合我们前面说的循环因果的假设，大家会不会有不同的想法呢？家庭系统成员之间如此容易被彼此的情绪影响，我们是否只能坐以待毙、束手无策了呢？

依赖与分化

这里我们就要引入依赖和分化的概念了。家庭成员之间因为彼此依赖和需要而作为一个整体生活在一起，所以情绪的相互感知和影响是必要且必需的，正是因为能感知到彼此的情绪，家人之间才能建立深厚的情感联结。

分化更像我们上文提到的边界及边界形成的这个过程。通过分化，我们成为独立的个体，在尊重自己的有限性及自己与他人的差异性的同时，彼此互相关心。

在门诊上我曾见过这样的家庭：孩子在初中出现厌学，不想去学校。起因通常是看上去很小的一些事情，例如，在学校犯了个错误，被老师批评，对去上学开始感到害怕，早上起床困难，不愿意去学校。家长很困惑，不明白为什么孩子忽然就这样了。但是当我们进一步收集家庭信息时，往往会发现导致孩子无法向外发展的一些线索。

我发现在这个家庭中，孩子已经到了青春期，却还没有分床。从父母处了解到，孩子从小学时就开始怕黑，甚至到了不敢自己上厕所、洗澡的程度。妈妈觉得孩子睡不着觉会耽误学习，于是就一直陪着孩子睡觉。中间也尝试过分床，但是只要妈妈不在，孩子就睡不好，只要妈妈陪，就能睡得很好，妈妈抵不过孩子的央求和自己对孩子的心疼和担心，所以分床计划一次次失败。

这就是低分化带来的问题。妈妈和孩子达成了潜意识中的某种"合谋"，他们几乎成为一体，彼此都难以分开。看上去妈妈和孩子都被某种情绪困住了，都感到无力。妈妈替孩子感受他的感受，把孩子的情绪当成自己的情绪，想替孩子解决问题，却失去了成年人的视角，看不到其他的可能性。

在低分化的关系中，两个人的边界通常很模糊，很难区分清楚什么是你的，什么是我的，甚至他们之间好像存在一个情绪直联的通道，两人似乎是心灵相通的。在上面的案例中，妈妈认领了孩子的情绪。而在很多其他的案例中，我们也会看到孩子认领父母情绪的情况。例如，一个家庭中的爸爸比较忙，对妈妈的情绪关注比较少，那么孩子会从小习惯性地照顾妈妈的情绪。这种照顾一直持续到孩子变成青少年或成年人。当夫妻有了很严重的冲突或争吵时，孩子看到妈妈情绪低落，觉得需要陪伴妈妈，所以潜意识中会让自己遭遇一些挫折、不顺，然后不想上学甚至从大学退学，这样就可以全心全意陪伴妈妈并转移她的注意力了。

我们看到，有时这种低分化可以暂时解决孩子的问题，但是孩子和家庭通常要付出巨大的代价。出生后的一段时间内，孩子确实需要温尼科特说的"原初母性贯注"，即妈妈的全部身心都在婴儿身上，让婴儿觉得他们是一体的，只要孩子觉得饿了，就能马上喝到奶，孩子觉得不舒服了，尿布马上被换掉。这能让婴儿得到很好的照顾。但是随着孩子的成长，他需要知道妈妈和自己是两个人，自己的需求不能被随时满足，在这个自然而然的受挫过程中，孩子培养了耐受力，得以逐步成长。

在低分化的关系中，妈妈会认同孩子的害怕，妈妈不能看着孩子害怕，让他自己面对，所以把孩子的害怕背在自己身上，而孩子会觉得妈妈没有办法处理她自己的情绪，所以要负责把妈妈照顾好。在这种情况下，孩子可能不再锻炼自己解决问题和容纳情绪的能力，失去了成长的机会，或者放弃了探索外部世界的动机，失去了社会化的机会。

在高分化的关系中，两个人的边界是清楚的，你的是你的，我的是我的，我们依然可以彼此关心和照顾。在上面的案例中，妈妈可以告诉孩子："你已经是一个青春期的男孩子，你再和我睡一个房间，我会觉得不舒服。而且我也需要独立的空间。我知道你害怕，我想听你讲一讲，你的害怕是什么样子的。我知道你非常希望妈妈能陪在你身边，但这确实是不适合的事情。我们想想其他办法，比如你很喜欢钢铁侠、蝙蝠侠，把这些玩具放床头保护你好吗？你先试试看，如果还是不行，你可以来敲门，我会应答，我也可以陪你到你的房间待一会儿，但是不会让你进我的卧室。"这就是边界——我会在力所能及的范围内提供帮助，但是我有我的私人领域。

临床心理学家劳伦斯·达科特（Laurence Darcourt）在《百分百多尔多》（*100% Dolto*）一书中写的一段话让我印象非常深刻："倾听儿童的欲望，既不是赋予他全部的权利，也不是满足其所有的欲望。不，这仅仅是指知晓儿童所处的情境，以便允许可以允许的，禁止必须禁止的。"孩子的成长需要适当受挫，失去旧的依赖才能发展出新的能力。父母需要相信，孩子会想办法自我安抚，父母也需要认识到自己的局限性，不可能一直满足孩子的需要。如果父母本身和自己的父母没有分化好，那么很可能会代际传递类似的家庭关系。任何一方一直自我牺牲，满足对方，势必会在内心积压愤怒和怨恨，它们会以其他方式呈现。

我在临床上发现的另一个极端情况是，很多父母知道独立和分化的重要性，为了促进孩子独立，有些父母做过头了。在很多分离焦虑的孩子中，父母过分强调让孩子自己去解决情绪，还有父母强调要训练孩子延迟满足的能力。这是把独立和延迟满足混淆了。依赖本身并非不好，温尼科特说过——独立的前提是充分的依赖。只有在养育前期使孩子的需求被充分满足，孩子才能内化父母给自己的这份安全感，勇敢地去探索世界。一个人能够独处的前提是被充分陪伴过，他看似是独处，但是他的内心中有非常丰富的情感陪伴。同理，延迟满足的前提是被充分满足过。延迟满足能力并不是通过给孩子制造挫折建立起来的。它的形成恰恰建立在孩子有过被充分满足的经验，正因为其内心富足，所以外界诱惑对他来说没有那么大的吸引力，并且他对这个世界充满信任，相信放下眼前的诱惑之后，会有更大的收获在等待着他。正是这种相信支撑他放弃即时满足，期待更美好的未来。

家庭治疗与病人

在家庭治疗中，我们把病人称为"IP"，这个"IP"有两个英文版本。在版本 1 中，IP 为 index patient 的缩写，意思是索引病人，也就是说这个"病人"就像是家庭系统的目录一样，我们可以通过这个病人的症状了解整个家庭系统怎么了，或者也可以说这个病人是走近整个家庭的索引目录和开篇，其中包含了整个家庭故事的梗概。

在门诊中，我见过这样一个小病人，这个孩子一直在老家由爷爷奶奶照顾，父亲在本地工作但是很少回家，妈妈在异地打工。孩子的父母关系一直不好，爸爸怀疑妈妈出轨，每次妈妈回来都会有很多争吵。这个孩子最近生了一种怪病，总嚷嚷着身体哪里都不舒服，屡次去医院检查却没有查出器质性的问题，于是内科医生建议他们来心理科看看。

在家庭咨询中，我问了孩子这样一个问题："你生病后家里有什么变化吗？"孩子马上表示，只要生病父母就会从外面回来，想着怎么给他治病。有了共同的担心，两个人的争吵也少一些。

听上去很不可思议，但是家庭治疗师通常会这样思考：孩子的病给他带来了什么好处？给这个家庭带来了什么好处？如果不是孩子"生病"，我们可能很难知道上面这个家庭的互动给孩子造成了什么影响，也很难有机会看见、梳理和干预夫妻间的问题。

有时孩子的病就像走近这个家庭的索引目录和开篇。孩子用这种方式把父母拢到一起，把家庭带到治疗中。当父母能够看到孩子的状况是家庭状况的反映，孩子的病可能是夫妻关系、家庭关系的呈现时，也许看待孩子的视角就会有所改变。

在版本 2 中，IP 是 identified patient 的缩写，即被认定的病人。这个意思会更直白一些，因为从家庭系统理论的角度看，所谓的病人是一种建构，就像精神障碍是被建构的一样，是人类把一些偏离于大多数人的行为模式和情感反应界定为异常。正常和异常之间并没有一个清晰的分界，更多的是一个连续谱，就像现在很多精神障碍都会被称为"谱系障碍"一样，至于在这个谱系中，哪个临界点是正常和异常的分界，则是人为划定的，当然这个划定不是随意的，而是建立在对人群抽样统计的基础上的，同时与所处的社会文化环境密切相关。

当一个家庭认为这个孩子病了时，往往是家庭需要这个孩子"生病"。例如，一个幼儿园阶段的小朋友被家长带到门诊，父母认为孩子有攻击行为，有多动症，希望医生能帮助解决问题。但是当我们对孩子成长背景有所了解后，发现在这个家里，父母是不太会处理情绪的，孩子遇到困难时，如因想要一个东西而发脾气时，父母要么就即刻满足孩子，要么就也冲孩子发一顿脾气，而无法应对孩子的状况。我们可以观察到，父母很难反思自己的教养方式及其作为父母的涵容能力。于是，认为孩子有问题而交给医生解决成了看似最轻松的方式，因为看到孩子的痛苦、面对父母自身的局限而产生的无力感太沉重了。

还有另外一个例子，一个青春期的男孩子被家长带到医院，原因是孩子突然变得沉默寡言，要么不和父母说话，要么一开口就火药味十足。在父母访谈中，我发现父母对孩子有很多不放心，担心孩子交"坏"朋友，担心孩子在网上看不健康的内容。因此，父母对孩子的监控很严格，青春期的孩子不被允许锁门（说到这，有一句题外话，我们在临床上遇到的很多出了问题的青春期孩子的房门的锁大多都坏了……），日记还被父母偷偷翻看，孩子终于受不了了，于是和父母起了冲突。当我评估孩子时，发现孩子在家庭之外一切正常，学习功能良好，成绩也不错，只是在与父母的相处方面发生了变化，很可能是父母的教养方式还停留在孩子的童年，没有跟上青春期的变化。

有时，索引病人和被认定的病人有重合。索引病人通常也是被家庭系统认定的病人。但是不论如何，一个小病人的造访总是会带来很多家庭信息。

例如，在一个家庭中，爸爸事业比较成功，忙于工作，妈妈全职在家照顾孩子。爸爸在家里对妈妈的生活习惯及家务打扫的细节经常有一些评价和指责，妈妈心有怨言，天天对孩子念叨自己的委屈。渐渐地，孩子对爸爸也感到反感。某天，在种种积累下，孩子和爸爸因为一件小事爆发了很大的冲突，甚至大打出手，于是孩子不上学了，要求爸爸搬出去。为了孩子，爸爸照做了，但是家庭状况并没有什么起色，孩子在家里什么家务都不干，对妈妈颐指气使，妈妈感觉疲惫无力，爸爸感到无助无望。最终他们一起带着孩子来到医生求助。孩子很抗拒，认为自己没有问题，父母双方也觉得孩子这样都是对方的问题。

在这个例子中，孩子既是索引病人，又是被认定的病人。孩子通过"生病"把家庭带到诊室和家庭咨询室中。我们可以简单地认为，孩子的生病和父母间的关系及家庭整体的互动方式有关。在孩子和母亲无意识的合谋之下，父亲被赶出去了，这在孩子的潜意识深处会引发深深的内疚，对孩子的发展无益甚至有害。这样的孩子在精神科门诊大概率会被给出一个焦虑或抑郁的诊断，但是通过这个诊断标签，我们很难了解孩子病情的背后隐藏的是什么。

"病"是一种难以言说的情感表达

从以上内容我们可以看到，在家庭系统中，生病的人实际上在家庭中扮演着什么样的角色。"病"的功能之一是一种信号，这未必提示其他成员有问题，但一定提示了系统中成员之间的互动出现了问题。就如同发热并不是一种病，它只是一个症状，一个信号，提示我们免疫系统正在工作，原因可能是病原体的感染，也可能是自身免疫系统的问题，还有可能是肿瘤。信号本身并不是疾病，只是在提示着更深层的问题。

"病"的功能之二是一种象征，病通常象征着成员中一些不被理解、无法言说、也无法被解决和满足的需求。我们也可以说"病"是一种对言说的诉求，那些无法通过言语等正常途径得到表达和被看见的情感需要，会想方设法地通过各种方式被看到，而这些方式是我们大多数人所不能理解的，所以我们就给了它们一个名字——"病"。

抽动障碍在儿童精神心理科或儿童保健科门诊是非常常见的。虽然学界一般认为抽动障碍是一种神经发育障碍，但在临床中我发现，抽动障碍儿童的家庭氛围通常比较严苛，养育者对孩子往往有比较高的要求。同时我注意到，如果养育者能放松心情，减少对抽动症状的关注，90% 以上孩子的抽动症状会自然消失，但假如父母看到孩子抽动就很迫切地想要消除症状，觉得这是坏毛病，要求孩子改掉，抽动症状则往往会加重。当然，这只是我观察到的现象，并不能作为科学的治疗依据。

我在临床观察中发现，抽动症状也可以被理解为一种信号，提示家庭及孩子承受的心理压力到了一个临界点。它类似家庭压力的一个标尺，衡量着家庭的情绪压力状况。这里有一个特别形象的比喻：抽动症状就像一个汤锅在烧开水，锅的构造和材质就像孩子的神经系统特质和发育程度，无论什么样的材质都有其承受极限。情绪压力就像锅下面的火，抽动症状就像水烧开了，蒸汽的压力让锅盖发出扑腾的声音，提示我们火太大了。当锅盖扑腾时，如果我们只是去按锅盖是没有用的，有用的方法是调节火力，把火关小，或者加水，而不是继续添柴加火。当然这只是一个比较粗糙的比喻，并不能真正完全概括抽动障碍的复杂性，但对于我们形象地了解这个问题或许有一定的帮助。

我碰到过这样一个家庭，孩子虽然一直断断续续有抽动的问题，但是在学校的功能还是不错的。妈妈很着急，希望孩子的抽动症状消失，因此总会关注孩子的抽动症状。其实在用药的情况下，孩子的症状已经平稳了，但是妈妈很着急，觉得症状没有完全消失，同时埋怨爸爸不管孩子，不把孩子的症状当回事。

在咨询中，我对妈妈说："你很需要抽动（症状）的存在，这个病在你们家承担着一个非常重要的角色，像一个家庭成员一样。"妈妈愣了一下。接下来我和她探讨，如果抽动（症状）是家庭成员，它代表了什么样的角色，表达着什么，承担着什么功能。"也许这个病在说，老公你一点都不管孩子，也不关心我，所以孩子病了，都是你的错，我终于可以光明正大地指责你了。"妈妈自言自语地说。最后爸爸妈妈看到，孩子的抽动让爸爸感到内疚，它持续的时间这么久，现在都成了家庭成员了，如果突然消失了，妈妈或许会接受不了。因为它在用某种方式表达着妈妈的需求。只有情感需求能够被表达和理解，"病"才有可能真正消失。

父母的身份与位置

家庭发展周期

家庭理论将家庭发展周期划分为六个时期："独立成人期""新婚成家期""养育新人期""孩子成长期""空巢期"和"夕阳晚景期"。虽然每个家庭情况各有不同，但是这六个时期囊括了家庭发展的普遍规律。在临床工作中，我们会看到一个家庭容易发生问题的时间通常是在周期转换与过渡期间。对青少年的成长过程来说，家庭的困难通常发生在第三个周期向第四个周期转换的过程中。

养育新人期是指养育年幼孩子的时期，这个时期的孩子需要父母提供充分的照顾、保护，其自主性尚在萌生阶段，对事情的判断能力还没有充分发展。但是当孩子进入青春期（家庭进入第四个周期），自主性逐渐发展，开始有更多独立的诉求时，父母在孩子心中不再享有绝对权威的地位，孩子要面对自己成长中的分离－个体化任务，并积极交友，试图寻求社会认同。处于这个阶段的孩子会希望寻求亲子之外的关系、与父母拉开一些距离，而在有困难时又需要继续依赖家庭。

同时，父母在这个阶段也会面临自己的挑战，如自己的父母开始年迈，照顾老人的责任开始增加，另外父母也要面对中年身份的转变及工作和婚姻的挑战和变化。因此，这个阶段往往是父母和孩子冲突很多的时候。我们在临床上往往看到，家庭的问题在孩子初中时期开始变得明显，这也是大多数孩子开始进入青春期，自身、家庭和周围环境都在剧烈变动的一个时期。

与第三个周期相比，这个时候（第四个周期）的家庭特别需要调整亲子关系，增加家庭边界的弹性。但是，当一个系统运转比较顺利时，人们很难主动做出调整，除非遇到了很大的困难。很多家庭就是因为调整不及时，没有及时了解孩子即将发生的转变，父母还在用对待小孩子的方式对待家庭中的青少年（如临床上经常看到的青少年锁不上的房门……），才导致了问题的积累和激化。

家庭的三角关系

> 理论研究表明，无论是在家庭中还是其他团体中，三角关系是一种三人情绪形态，也是所有情绪系统的分子或基本组成单位。三角关系是最小的稳定关系系统。一个二人系统只要是平静的，也可以是稳定的，但是，当焦虑增加时，它立刻引发最脆弱的第三者介入，进而形成三角关系。
>
> ——鲍文，1976

临床上我碰到过这样一个家庭。孩子不想上学，学业有困难，晚上睡不好，白天无法集中注意力，学习成绩逐渐下降，逐渐失去了对学习的兴趣，慢慢就不想上学了。经过我们谈话了解，夫妻分房睡已经有很多年，关系间已经有一堵无形的墙，孩子也感觉到父母之间明显的关系问题，并且爸爸很少承接和理解妈妈的情绪，孩子在这个时候就成了妈妈的一个"情绪伴侣"。

孩子也会说他其实很向往自由、向往外面的世界，但是同时又担心妈妈伤心难过，他感觉妈妈很需要他。在这个过程中他很挣扎，被困其中。我看到这个问题后，发现孩子的困难没有那么严重，家庭的困难则更明显。于是我建议父母，家庭中的问题更多是在夫妻之间，正是因为夫妻之间情感的流通不顺畅，所以妈妈只能从孩子那里获得理解和情感支持，孩子出于对父母忠诚的天性，会很自然地感知到父母的需要，从而去支持父母。因为真正该跟妈妈站在一起去承接妈妈情绪的那个人没有在场，所以孩子不得不顶上来，孩子因此没有办法发展他自己的人生。

我们可以明显看到，在这个家庭当中，一开始是夫妻之间的关系出现了问题，当夫妻之间出现问题时，他们自己很难解决，这时候孩子作为"最脆弱的第三者"被卷入其中，形成了一个三角关系。

夫妻关系和亲子关系，哪个更重要

生活中，太多家庭认同亲子关系高于夫妻关系。因此我们特别容易看到，丈夫被排挤，母亲和孩子结盟。通常，母亲是孩子的第一照顾人，是孩子第一个爱的人。在孩子成长的早期，孩子也需要母亲全身心地照顾。这很容易让丈夫感到失去了妻子的关注，产生出很隐微的失落感，觉得自己在家里可有可无。这时，特别需要夫妻间的沟通，丈夫需要向妻子表达自己的失落和亲密需求，而与孩子关系紧密的妻子则需要看到丈夫是不是被疏远了。

可惜，我们经常看到，丈夫在因为妻子照顾孩子而感到被冷落时，会更加忙于工作，或者在外应酬，甚至干脆放弃自己的照顾责任。而妻子很容易因为丈夫不在场而产生抱怨，因此，更容易和孩子结盟。长此以往，家庭互动的恶性循环便逐步形成。

心理学家一致认为，夫妻关系应该高于亲子关系。如果夫妻建立的系统让孩子有团结一致的感觉，孩子就会感到安全。而如果父母中的一方控制了另一方，孩子很可能会帮助被控制的一方。如果夫妻不和谐，那么孩子就会想办法解决家长的问题，成为家庭中的"小大人"——在情感上照顾父母。如此，家庭的次序就颠倒了，这会对孩子的成长及其以后的亲密关系造成重大的影响。

如果希望孩子真的健康发展，成为自己，那么父母更需要照顾好自己与伴侣之间的关系，并照顾好自己。

父母也需要被理解

一个人最根本的需要是被看见。孩子尤其需要被父母看见，被父母理解，被父母稳定地陪伴和支持，这些是一个孩子内心深处最基本的渴望，而很多时候父母同样也需要被理解、被看见。

有一天，一个妈妈带孩子来复诊，说孩子好多了，第一次被老师说有进步，她觉得从开学到现在悬着的心终于可以放下一些了。然后她说起之前我说的一句话很触动她。我很好奇，问她是什么话，她说是 ADHD（注意缺陷多动障碍）家长课堂时我说的，"我们门诊更多的工作是理解父母，只有我们理解了父母，父母才有更大的可能去理解孩子"。听她说完，我莫名地有些感动。

我们一直说"理解万岁""要理解孩子，改善亲子关系"，这些话谁不知道呢？但只是告诉父母这些是没有用的。就像我经常在门诊遇到父母很无助地问我"我应该怎样做"，但当我反复解释多遍父母依旧重复询问这一问题时，我常常会体会到一种无力感，不知道怎样才能让父母理解我要表达的意思。

当我事后反思时，意识到我那时感到的无力和无法被理解的感觉又何尝不是父母在和孩子沟通时所体会到的感受呢！

父母的无助需要被理解，父母能够带孩子来精神心理科门诊本身已经很勇敢和不容易了，他们不知道克服了多少困难才来到医生面前。并且在向医生求助时父母往往会有很多羞耻感，很多父母会觉得自己不是一个合格的父亲或母亲。

其实，作为父母，我们要相信自己已经在力所能及地做到最好了，父母始终是对孩子最重要的人。父母需要被支持，只有父母有力量了，才能够理解和帮助孩子。当父母力量耗竭时，应该及时求助，与孩子一起并肩作战，一起面对困难、挑战和疾病。

与孩子工作时，我深深地看到了父母的种种不容易。以下这段话是我在北京中德儿童青少年家庭治疗培训教材上摘录的，每次看都依然很有感触，希望和父母们共勉。

> 关于父母的假设，除非另有证明，我们相信所有的父母都能做到以下几点。
>
> 1. 为他们的孩子自豪。

2. 对孩子有积极的影响。

3. 听到关于孩子的好消息，并了解孩子擅长做什么。

4. 给孩子提供好的教育和通往成功的机会。

5. 看到孩子的未来比自己好。

6. 和孩子有很好的亲子关系。

7. 对孩子充满希望。

第十二章

让爱流动，让恨转化
——提升家庭复原力

虽然市面上有很多介绍如何养育青少年的书，但是父母在面对浩瀚的资料时难免感到迷茫和无助。很多父母按照书上的说法努力改变自己，在爱的推动下，虽然内心深感挫败和无力，但依然渴望给孩子更好的支持。即使如此，很多媒体和舆论，依然充斥着大量批评父母的声音。评判父母固然是容易的，但这并不能解决问题，反而让更多人失去承担"父母"职位的勇气。

其实，对青少年的父母来说，与"如何掌握养育孩子的技巧"相比，"熬过去"似乎更重要。如何照顾好自己，理解和支持自己，也是青春期父母需要面对的任务。我们在本章将提到的家庭复原力，根本上也是指父母的自我照料、调节和复原的能力。

什么是复原力？复原力可以被定义为遇到困难时不被摧毁，并且在困境中能找到资源,使困境变成转机,使自己和系统(即所处的环境)获得成长的能力。简单地说,复原力是一种灵活性和韧性,跌倒了还能爬起来。就像我们经常听到的那句德国哲学家尼采的名言:"任何不能杀死你的,终将使你更加强大。"这其中蕴涵了两部分内容:其一是,困难不能太大,不是那种让任何人都难以应对的天灾人祸;其二是,在困难中要有足够的韧性去和它周旋。

家庭复原力也是如此,我们发现家庭在面临一些挑战时,如家庭成员生病、搬家、有新的家庭周期开始(如新成员出生、孩子进入青春期等)时,有些家庭能够过渡得很顺利,另一些家庭则呈现出混乱和迷茫,甚至陷入危机。前者通常比后者拥有更强的复原力。

然而,复原力不仅仅是指"熬过去"或"逃脱"。真正的复原力可以让人从痛苦中痊愈,为生命负责,继续完整地生活和付出爱,一如"野火烧不尽,春风吹又生"之欣欣向荣。这种充满生机的复原力并非凭空产生,我们看到的每一个充满韧性的个体背后都有一个我们没看到的、充分的支持系统。这个支持系统可能是他内心中存留的、曾经被充分地爱和支持的体验,也可能是现实生活中能提供稳定支持的、具有良好心理弹性的亲人、朋友等各种真实人际关系的支持。这些就像"烧不尽"的野草深埋于地下的根系,能够不断地为他们输送营养和支持,让他们在环境适宜时再度焕发生机。

家庭复原力的根基——让爱流动

在遇到困难时，家庭能够提供充分的情绪空间，帮助家庭成员去耐受和面对巨大的挫败感和无助感，是很重要的。某种程度上说，家庭复原力的多少取决于家庭本身的容错率。容错率越高，复原力越好。例如，某个家庭中的孩子，如果一直被告知"中考是他唯一的选择，如果学习不好，这辈子就完蛋了，就没有前途可言"，那么当这个孩子在学习中遇到困难时所面临的挫败感和绝望感将是无法容忍的。相反，如果一个家庭告诉孩子"虽然我们也希望你能有好成绩，但是人生其实还有很多种选择，你并不完全是被成绩定义的，爸爸妈妈是个普通的人，也能接受你成为一个普通的人"，那么孩子将感到被充分地包容和接纳，并从中发展出自己的力量。

家庭复原力的多少同样与家庭是否有反思性空间有关。反思性空间是指家庭成员是否有充分的时间和空间去反思，再决定怎么行动。这与前面我们提到的情绪空间是密切相关的，当情绪空间不足时，就几乎没有空间去停留和反思。我们在临床上看到太多的家长在孩子遇到困难时持续、反复地问"怎么办"，对他们来说，那种困难的、焦灼的或不确定的状态是非常难以忍受的，他们感到必须要做点什么使难受的感觉有所释放，而这些急切的、出于逃开某些感受而采取的行动最终往往使情况越来越糟。

　　反思性空间是让我们面对一件事情时能够先"停一停"，去综合更多的信息，去看到当下情景中更多的可能性，而不是像一个简单的"刺激－反应"程序一样即刻反应和行动（当然这个部分本身对我们的生存有很重要的意义）。反思性空间就像当有人拍了我们一下，我们能够先停一停，从这个人的表情、周遭的环境、正在进行的活动等其他信息去综合思考"怎么了"，这个人的意图到底是什么，是打个招呼，还是想攻击我们，或者是其他一些可能性……在此基础之上，我们再决定如何做出反应。

　　当然，能够"停一停"的前提是内心有充足的安全感，周围的环境确实是安全的，否则如果在一个极度危险的环境中，这样的"停一停"可能是致命的。前文说到"刺激－反应"的即刻行动是我们在危险情景下的求生本能，这种求生本能让我们处于高度警觉状态，我们的身体则处于应激状态。在这种状态下，我们很难有充分的时间和空间去接受和思考更多的复杂信息，很难去应对和处理复杂的建设性任务，也很难安下心来留意周围生活中与危险信号无关的其他信息。相反，我们会时时刻刻处在一种不安定的状态中，时时刻刻准备去应对危险和采取行动，一直在判断是要"战斗"还是"逃跑"，这是一种极度消耗的状态，而这样的状态在家庭系统中也会非常快速地被家庭成员所感知和接收，以致所有家庭成员都处于恐慌和焦虑中，很难看到周围的资源，从而得以让自己复原。

　　家庭的情绪空间、容错率、反思性空间，以及家庭所提供的安全感并不是凭空产生的，产生这些的前提是家人日常生活中良好的互动，充分流动的情感体验——让爱流动。

痛苦是可以忍受的，孤独是不能忍受的

在中国大概没有人不知道"家和万事兴"这句话。这句看似古老简单的话却表达出关于家庭复原力的信念：只要家庭关系还在，家人的情感纽带还在，我们就可以克服很多困难。

现代社会中，想要家庭发挥最佳功能，家庭成员之间紧密联系的情感纽带依然非常重要。然而，我们却常常发现，来到咨询室的很多青少年对家庭感到排斥，对父母感到厌恶和失望，在家庭中感到无与伦比的孤独。正如著名的精神分析师罗纳德·费尔贝恩（Ronald Fairbairn）所说——人生下来就是寻求联结和关系的生物。而这些青少年与家人的情感联结却断裂了。

这也会让我想起上团体治疗培训时老师反复说的一句话："痛苦是可以忍受的，孤独是不能忍受的。"不知道你读到这句话时有什么样的感受。相信每个人都有过痛苦的体验，当你在经历一些困难的时刻，内心感到非常痛苦时，如果有一个人陪伴在你的身边，你知道他能理解你的感受，同时不会评判你的感受，只会默默地陪伴在你的身边，在你需要时轻轻拍拍你的背，你会不会感觉好受很多？假如情况相反，此时虽也有人在你旁边，但要么居高临下地给

你意见，要么并不倾听你的感受，只一味地给你"加油鼓劲"，或者当你诉说一些你的感受时，他会拿出自己曾经的感受说"你这不算什么"，不知道此时你是否会感到很孤独？仿佛这个世界上没有另外一个人能够知道和了解你的感受，痛苦的你在这个世间仿佛是透明的，就像不存在一样，似乎这种痛苦把你困在了"另一个时空"，这种感受是否会让你更加难以忍受？

如果你有过类似的体验，相信会对"让爱流动"有更深刻的体会。很多时候打垮我们的并不是外在的困难，而是内在的孤独感。处于青春期的孩子往往都会度过这样一个孤独而彷徨的时期，他们的身体和心理都在经历着急剧的变化，而身边的父母面对这个变化时通常也很无措，家庭中的每个人似乎都陷入了自己的困难中，而无法看到彼此。所以当来门诊的父母问我一些具体的解决方案时，我时常会跟他们说："少关心点事儿，多关心点在经历这些事情的那个人。"我们也可以回想一下，当自己处于一种沮丧的、低落的心情时，我们在向他人倾诉时所渴望的，是得到具体的解决方案？还是对我们自身感受的共情呢？

让爱流动的反面——疏离和僵化

有些人很在乎家人，却因为"关心则乱"，在处理家庭关系时错误地把"坚强"和"硬抗"画上等号，为了不给家人添麻烦，会选择独自消化所有的痛苦。"报喜不报忧"也成了家庭中非常普遍的情况。但是，当家庭面临危机时，这样的方式反而会让家人的情感变得疏离。

举一个案例。一个三口之家，妻子因为身体不好，一直在家养病，因为没有办法参加工作，所以主要的活动就是照顾孩子。妻子经常因为自己的身体不好而内疚并闷闷不乐。丈夫是家庭中外出工作的人，工作很忙，压力很大，但为了不给妻子造成额外的精神负担，不敢向妻子倾诉，怕她为此更忧愁，但因为心事长久无人诉说，渐渐开始失眠。丈夫每天工作到很晚才回家，为了不打扰妻子，就在另外一个房间睡觉。

看到爸爸妈妈不开心，孩子觉得是自己的问题，时常关心父母，想尽办法让父母开心，但是效果甚微。在负面情绪的影响下，孩子在升学过程中遇到了困难。妈妈本来心情就不好，如此一来更加唉声叹气，为孩子担忧，孩子觉得是自己的问题，情绪也不好。

我们可以看到，在这个家庭里，每个人都很关心彼此，但是所有人都无法彼此靠近。每个人都想为彼此做些什么，却感觉什么都做不了，很无力，每个人都很孤独。

照顾家庭并不等于放弃照顾自己，也不是放弃真实的感受，更不是要自我牺牲，忽视自己的感受。照顾自己的感受和关心照顾家人并不冲突。关键是要让关系中的爱流动起来。在上面的家庭中，丈夫担心给妻子压力而避免沟通，反而使两个人的关系更加疏离，使两个人都陷入孤独中。如果夫妻可以时常分享彼此的心情，允许对方为自己担心和表示关怀，也许关系就不一样了。

在结婚誓言中，每个人都会做出"同甘共苦"的承诺。如果家人把危机看成需要一起面对和处理的共同挑战，就会增强家庭的复原力。但是在生活中，我们常常看到相反的案例。电视剧中一个经典的桥段是，当伴侣一方患了癌症，他／她会把这个当成个人的危机，而拒绝另一方的参与，甚至会选择瞒着对方，独自面对痛苦的治疗，拒绝相互安慰，甚至找一些借口与另一方分手。即使后来身体复原了，关系的裂缝却再也无法修复了。

在一些很极端的情况中，我们可以看到这种脆弱和僵化的家庭关系的案例。例如，丈夫外出工作，妻子在家照料几个孩子，常常精疲力尽，也颇有怨言。看到太太很辛苦，丈夫觉得自己的压力很难向妻子倾诉，于是去赌博或发生外遇。而妻子发现真相时会感到很痛苦，丈夫也感到很懊恼。

在这样的案例中，我们当然可以从道德和心理层面去探讨丈夫为什么这么做。但是从家庭系统的角度出发，我们会看到，当一些人遇到情绪困境时，是不习惯或无法寻求家庭的支持的。这也许和个体从来没有拥有可以让情绪流动的早期经历有关。在他们的成长经历中，很少体会过真正地被理解和被陪伴的感受，或者他们认为寻求帮助是羞耻的或麻烦的。于是个体在碰到类似的困境后，非常容易触发一些不健康的应对方式。

当一个人无法从家庭中获得支持和帮助时，需求不会消失，只会以其他的形式表现：或者以不健康的方式，或者以症状的方式。一些极端的情况如酗酒、赌博往往都是如此。成年人沉迷赌博或短线投资，抱着儿童时期残留的奇迹思维——赚了钱家庭问题就解决了——铤而走险，而不寻求家庭系统的帮助。甚至我们观察到，孩子打游戏也是这样——我从家庭中不可能得到帮助，我也不可能和家人交流，所以我就待在我自己的世界好了。

弹性——让恨转化

说到僵化，很多人会想到弹性，在家庭复原力中，弹性是家庭遇到冲击时维护家庭稳定必不可少的因素。弹性意味着有一个缓冲，需要的时候能拉伸，也能收缩回原状，可以往前，也可以往后，能够容受家庭内部的一些冲突，在有分歧和冲突时能够使这些情绪在得到充分呈现的基础上，让所谓的"恨"——家庭内部的负面情感——得到转化乃至进一步的升华。

恨是没有被看到的爱

家庭中的恨是一个普遍存在却又常常被忽视的现象。谈到恨，人们可能会想到嫉恨、痛恨、仇恨。恨似乎是一种很敌对的情感，正因为如此，当我们对最亲近的人——我们的伴侣、父母、子女——产生这种"恨"的感受时，是很难消化和表达的。

恨是一种浓度非常高的情感，我们不妨试想一下，我们会平白无故地恨一个跟我们毫无关系的人吗？人们往往是因爱生恨，正是因为和一个人有很浓烈的爱，爱中又有所期待，期待落空时才会产生失落。爱得越深，期待越高，落空时的失落感就越强烈，当不断地体会期待、落空和失落，我们所爱着的那个人又不能理解和看到这份失落的感受时，我们就很自然地会有一些嗔恨升起，直至我们真的对一个人彻底失望时，恨大概率也会随之消失，对方也会成为一个在我们心里完全没有分量的人。

所以当我们恨一个人时，我们并非对他只有恨，恨的背后是没有被看到的爱和期待。并且很多时候，我们体会到的是对一个人爱恨交织的、复杂而矛盾的情绪感受。而且，有一些恨在孩子成长的过程中是有积极功能的。

恨并不是洪水猛兽，爱和恨正如硬币的一体两面。父母对孩子的恨，促进孩子的独立和分化，孩子在得到充分爱的基础上对父母生出恨，让孩子能够向外成长。我们对一个人的情感，尤其对最亲近的人的情感，一定是爱恨交织的。我们需要接纳恨，同时鼓励原本就有的关爱。亲子间如此，同胞间亦然。

放恨一条生路，才能放爱一条生路。当恨无法被表达时，它就堵在了关系之间，让恨背后的爱也无法被表达，使家庭成员间越来越疏离，家庭关系也越来越僵化，越来越失去活力和弹性，这也是很多遇到困难来到诊室的家庭当中所发生的事情。

父母会恨孩子吗

父母可以恨孩子吗？大部分父母，也许都不曾允许自己思考这个问题。社会对父母通常会有角色要求和期待，尤其对母亲而言。但很少有人会帮助父母直面有了孩子以后在养育孩子过程中的矛盾心理。

我们可以回想下自己对孩子是不是有时也恨得牙痒痒，恨不得当时没生下他／她，在恨的同时我们也清晰地知道我们也爱着他／她，英国的精神分析师温尼科特曾说过，所有正常的母亲都会恨她的婴儿，并且还列举了母亲恨婴儿的 17 条原因，讲述了这种正常的恨对婴儿发展的积极意义。

> "我最恨孩子的时候，是这样的时刻：我已经工作了一天，下了班又马不停蹄地做饭、陪孩子玩，一直到睡前讲故事，我特别希望孩子能早点睡，这样我能放松一会儿。长期缺觉已经让我的身体大不如前，感觉都有点神经衰弱了。结果我都昏昏欲睡了，他却活蹦乱跳，不是拽我的头发，就是时不时地在我身上踩一脚。然后他大概觉得很好玩，一屁股把全身力气都用上，狠狠地坐在我肚子上。那一刻我感觉我的五脏六腑都不是

我的了。愤怒和疼痛让我眼泪直流，我朝孩子大吼一声，真的觉得自己要被榨干了……"

"为了不错过孩子的成长黄金期，我一直将孩子带在身边。我的工作虽然自由但也需要专注。有时候工作很紧急，孩子又闹，干扰我的工作，我真的很烦躁，觉得没有自己的时间和空间。事业和养娃真的太冲突了……"

"我给孩子报了乐器课，因为小时候没有这个条件，所以会希望给孩子创造更好的成长条件。结果一开始她说愿意学，说每周会练琴，结果没几周，要去上课了她却说她不想去了，练琴太累。还说，想学习另一个乐器，更难更贵的那种。我真是气不打一处来，你这个都学不好，下一个能学好？我已经对你这么好了，结果你就这样……"

我想每位父母可能都会经历类似的时刻。其实从受孕开始，父母爱恨交织的矛盾情绪就已经开始了。怀孕和生产的过程对女性的身体是有损耗的，很多妈妈在刚生下孩子后会陷入迷茫和抑郁期，因为从这个时候开始，妈妈的生活重心已经开始完全发生转变，很长一段时间，妈妈会感到完全失去自己原来的生活。爸爸也可能会恨孩子，因为妻子的注意力在一定时期内会完全转移到孩子身上，夫妻之间的亲密会受影响。同时，爸爸也要为照料孩子承担很多责任，也可能会出现和妈妈类似的困境。

还有一种很隐秘的父母对孩子的恨意，这和嫉妒有关。"你拥有我未曾有过的条件，为什么不能好好珍惜？"这种情况下，父母会对孩子不能成为自己期待的样子感到失望，如果这种情绪管理不好，大概率会演变成恨意。在另一个例子中，一位父亲告诉我："我每次带孩子，在孩子闹腾的时候，不讲理的时候，我都会特别失控，以致有种想打孩子的冲动。我会想起小时候我的父母是怎么对待我的，凭什么小时候我闹就挨打，他闹我就得好言相劝？"

孩子可能不恨父母吗

其实，作为父母，尤其是青少年的父母，无论你做得多好，还是会有可以责怪的地方。无论做成什么样，孩子都可能会埋怨你。事实上，没有完美的父母。父母在做自己和养育孩子间艰难平衡，不可能既有时间陪伴，又能提供充足的资源，同时又时刻温和地理解孩子。

事实上，能责怪父母的孩子，或者说能够对父母表达恨的孩子，往往提示着这些孩子内心感受到的父母对自己的爱是足够充分的，这让他们可以不用害怕失去父母的爱而能够独立思考和表达自己内心的感受，这样的孩子的内心是很有力量的。

孩子能够感受和体会对父母的恨是成长的表现，说明孩子有了自己的看法，正在成长为一个独立的个体。恨是分离的动力，父母和孩子之间出现一定程度的恨，是孩子成长的必经过程。虽然这种对立和疏离会随着孩子的成长逐渐减少并转化为一种更平等的亲密联结，但是接受孩子的攻击和恨从来都是不容易的。这时，父母特别需要稳住，不被孩子的恨"杀死"（象征意义上的，实际表现为被激怒、失控或内疚自责，即离开了有功能的父母的位置），而是要在孩子的恨中"活下来"。如果父母在孩子的恨中放弃了孩子或真的认为自己不行（例如，有些父母在孩子出问题或被诊断后要么否认孩子的病情，要么态度180度大转弯，对孩子百依百顺），孩子也会有巨大的内疚，这对孩子的成长也并无好处。

接受恨，才能更好地爱

很多父母会觉得现在的孩子太自私，不知道感恩。"我已经尽全力对你了，为什么你还不领情！？"殊不知，一个自私的孩子背后大概率有一个自我牺牲的父亲或母亲。家庭中如果有一个什么都不干的"废人"，那么一定搭配了一个什么都干的"能人"。很多长辈习惯于把孩子的需求放在自己的之前，吃鱼把最好吃的部位留给孩子，自己舍不得花钱却给孩子买想要的礼物，等等。孩子在这样的氛围中长大，自然觉得自己是最重要的，不必为他人考虑。

一个妈妈这样谈家里的情形。这个家里一直以来吃饭时都会把最大的鱼留给孩子，孩子也乐于接受。直到有一天，家里来了很重要的客人，一起吃饭的时候最大的鱼自然被夹到了客人的碗里。谁知道孩子见了，把碗筷一推，气呼呼地跑回屋里，任谁敲门也不理。大家都很尴尬，觉得孩子不懂事。其实没有人了解，孩子只是难过和嫉妒，为什么客人来了，自己在长辈心里就不是最重要的了？不然为什么把最大的鱼给别人？别人来了你们就不爱我了吗？

我们建议这位家长在家里不要事事以孩子为先。爱孩子不只有通过让孩子获得家里最好的东西这一种方法来表达。家长需要明确自己的需求，"自私"一些。这并不是让家长完全不管孩子，而是告诉孩子，我们也有自己的需求，虽然我们爱你，但我们也要照顾自己。

还有一些家长看上去完全不在乎自己的感受，但不是真的不在乎，而是觉得自己全身心地付出了，孩子应该感受得到，并以家长期待的方式回报家长。当孩子没有如其所愿发展时，父母心里会产生强烈的挫败甚至恨意。而孩子会感到被控制心生愤怒。大家可以回想一下，是否曾听到父母说"我们都是为你好""我都是为了你"。听到这些，你会有什么感受？

一个人理解他人的前提是他先有被理解的体验，就如同小朋友学会分享。分享并不是强迫出来的，而是当他内心很富足，确认可以得到自己想要的，没有匮乏感时才可以给出。当一个人的内心感到不被理解时，往往就很难有多余的空间理解他人。爱也一样，只有先把自己照顾好，我们才能真正爱他人，这需要我们接受恨，在适当的时候"自私"一点，而不是一味地自我牺牲。

如果父母看不见自己对孩子的恨，会怎么样

其实被父母拒绝看见的恨，会以其他的方式呈现。人性中本来就有黑暗的一面，在母性和父性中也一样。如果父母无法接受内心真实的部分，就可能会把这部分黑暗面投射给孩子，觉得孩子是坏的，责怪和憎恨孩子。90后家长的"反向育儿"引发了很多讨论。上小学的孩子晚上想看电视，被妈妈要求看通宵。我们非常理解父母情急下的愤怒和恨意，但是成年人拥有成熟的大脑，一般几分钟后可以冷静下来，而孩子的时间感知能力和情绪调节功能大多还没有发育完善。父母逼着孩子看电视，看似是冷静和教育，实际上是一种惩罚，甚至是一种施虐。孩子也许学会了下一次不这么做，却只是出于惧怕，并没有学会该如何调节内心的欲望与外界规则之间的冲突。

父母看似平静，但正是父母压抑了自己的怒火和恨意，才做出了超出孩子承受能力的惩罚。家长可能出于善意而压抑自己的怒火，但是在情感层面上，孩子和父母在那个时刻是失联的。父母在那一刻无法真正地体会自己的愤怒，也无法真实地体会孩子的感受，但是这样，无法表达的情绪如害怕、痛苦、愤怒等，只会疯狂滋长。这种时候，还不如向孩子表达自己的愤怒，告诉他继续看电

视没门，接受自己的无能为力和愤怒，而不是把这部分扔给孩子去承受。

当孩子认为父母并不总是爱自己时，他们会如何处理自己的焦虑和受伤的自尊呢？如果孩子在之前与父母的相处中已经建立了安全依恋的地基，能够感到父母大多数时间是爱自己的，这种爱的联结是足够坚韧的，那么大概率能够有相对充分的情绪空间和反思性空间去积极地面对和消化这些感受。

青少年的成长过程是需要父母的规训的，但是这种规训要以流动的爱的联结为基础，不然，他们的安全依恋可能受损，也许会出现负面行为，对父母关爱的渴望可能会转化为不断地制造麻烦，或者，青少年会对自己产生错误的认知，觉得自己不聪明、不漂亮、不听话，这会让青少年与身边的人进行无尽的比较，或者形成夸大的自我，有的青少年可能会表现得迫切渴望自己变瘦、变美，以为这样大家就会喜欢他，或者觉得自己必须学业优异，才能被接纳。也许有的人确实做到了，但是内心的不确定感和空虚感却会在未来的人生中不时地噬咬他们。

敢爱敢恨——有弹性且坚定

当一个家庭中的爱是充分流动的，家庭成员都能够感到彼此间善意的关切，相信无论遇到什么样的困境，总是可以得到家庭的支持，可以在家庭中获得帮助，家庭成员之间可以容纳分歧，面对冲突的负面情绪，并可以在承受一些恨的同时相信底层的爱，这样的家庭就是有充分的弹性和复原力的家庭。当然这并不是一个容易的过程，需要家庭成员共同努力才可能实现。

青春期的孩子本来就面临很大的变化，如身体的变化、情绪感受上的变化等。这时，家庭需要做出调整，有些家长没有做好准备，依然把青少年当成小学阶段的孩子，要求孩子必须根据父母的意愿执行计划和安排。但随着自我意识的觉醒，他们开始有自己的想法。如果此时家庭缺少应对和改变，必然产生亲子冲突。孩子的成长需要家庭提供和拓展出更大的空间，如果父母没有意识到这一点，则会把这种正常的需要解读为一种叛逆和不听话。

人遇到危险和不确定等紧急情况的第一反应通常是僵住，家庭也是如此。青春期的孩子容易出现各种各样的突发情况，如逃课、忤逆老师、离家出走或与同学发生矛盾等，面对这些突发情况，有些家长特别容易惊慌失措和僵住，不知道应该做什么。例如，孩子离家出走了，家长报警后，发现孩子其实在一个安全的地方发呆。出于无助，家长询问警察应该怎么办，出于对父母的同情，警察认为应该把孩子带回警察局，给他一些"教训"。可是，当父母去警察局领回孩子时，孩子对父母更加愤怒了："你们不但没有问我怎么了，来安慰我，还让警察把我带走！我一辈子都会记得！"

当我和这个案例中的家长详谈时，很明显能感到家长当时的无助。经过了解，我知道父母自己在青春期也很不顺利，并且没有得到相应的陪伴和指导，因此在那一刻，他们僵住了，这是他们对自己过往经历所激发的强烈情绪的防御。父母似乎不相信自己能够掌控局面，也不相信自己与孩子沟通的能力，对自己作为父母的身份是不确定的，希望他人代替自己做出最好的决定。于是父母把这个任务"移交"给了警察。也许在潜意识里，这位警察承接了父母特别希望能"管教孩子"的意愿，于是顺应父母的要求给出了出于警察职业本能的建议。这种情形下，父母僵住了，没有应对问题的"弹性"。如果父母能保持情绪稳定，尝试着适应突发情况，对孩子的感受和想法保持好奇，温和地问问孩子"怎么了"，或者换位思考，如果自己是孩子，希望父母做些什么，情况可能就会不一样了。

当然，父母事后依然可以锻炼自己的"弹性"，因为亲子关系是完全有可能修复的。例如，在心平气和的时候能好好和孩子谈谈，尝试理解孩子当时的心情和诉求，在充分倾听孩子的感受后真诚地承认自己的局限性，询问和协商以后碰到这些情况怎么处理比较好。

家庭复原力中，弹性意味着家庭顺应发展周期调整结构，意味着在家庭遭遇危机时，父母镇定而灵活地处理，也意味着必要时，父母可以放下姿态，主动调整、改善与孩子的关系。

同时，弹性也意味着能够节制和保持稳定。弹性的基础既要有"血肉"，也要有"骨架"。在适应的同时，家庭也需要保持稳定，才能更好地承受压力。在家庭遭遇变故（如离异、破产等）时，家庭成员很容易感到无力和混乱。我们经常建议父母，在条件允许的情况下，尽可能保证生活节奏的稳定，例如，该什么时候作息就什么时候作息，生活的规律尽量不要打破。家庭的惯例有助于让人们在不稳定的环境中拥有一份对生活的掌控感，这相当于在混乱的环境中放下一个锚，让船在风浪中得以稳定前行。家庭仪式感也是如此，例如，夫妻回家后轻轻拥抱、全家定期出游等都会增加一个家庭的凝聚力和家庭成员心理的稳定感。

特别要指出的是，有弹性且坚定的权威式育儿方式，在压力时刻通常能够有效地支持家庭功能和保持孩子的身心健康。我们在咨询室会看到这样的情况，当孩子出现状况（如患抑郁障碍）后，父母就立刻把自己之前的教养方式全盘否定了，觉得自己管得太严伤害了孩子，感到内疚，不知道如何面对孩子的情况，又生怕做了什么再次刺激到孩子，变得小心翼翼，听之任之。在这样的情况下，父母完全失去了家长的位置，孩子虽然可以为所欲为，但是他们内心也很不安，感觉这样的父母很不真实，他们也在时刻担心着会失去这些"特殊对待"。其实这也是一种僵化的系统，因为父母似乎只能在"严苛"和"放任"间选择一种。

　　管孩子不等同于伤害孩子，父母和孩子的相处方式并不是一道非此即彼的单项选择题。没有唯一正确的教养方式，每个家长都需要找到适合自己家庭的尺度，并且随着孩子的成长有弹性地变化和调整。

第五部分

特殊问题的预防与解决

作者：郑毓晨

在这一部分，我们来探讨特殊问题的预防和解决，包括厌学、进食障碍、青少年的抑郁和焦虑、社交恐惧及游戏成瘾（网络成瘾）。我们会尽可能充分地介绍每种问题可能的形成原因与应对策略。与此同时，我们也应该明白，再优秀的父母也无法保证孩子不出现任何问题。而问题的出现往往是众多因素共同起作用的结果，其中很多方面也许并非父母能控制的。因此当孩子出现一些状况时，不要自责，不要焦虑，不要盲目采取行动；要学会求助，学会透过现象看本质，学会接受自身的局限性，在照顾孩子的同时不要忘记自我关怀。

第十三章

厌学

"妈，我肚子疼……"刚吃完早饭，女儿就捂着肚子蹲下了身。

"你怎么又疼了？"张娅（化名）又心疼又着急，还有些烦躁。因为这已经是这个月的第三次了。之前两次都是带女儿去医院看病，检查结果一切正常，医生也说没什么大问题，少吃点生冷的东西就好。但每次都发生在工作日，既耽误了自己的工作，也耽误了孩子上学。

这么算来，女儿这个月已经缺课好几天了。但她好像一点也不着急，每次看完病都是回家休息，过一两天才不情不愿地去上学。这么几次下来，张娅忍不住怀疑，这孩子该不会是装病吧？可是，要怎么确认这件事呢？张娅心里犯了难。

直接问孩子是不是装病似乎不妥，假如孩子真的不舒服，这样不就误会孩子了？而且她不舒服的话，也不好强行让她去上学吧。

女儿今年刚升入高一，平时学习比较认真，张娅觉得自己给她的压力也不算大，成绩只要在中等水平，说得过去就行。但女儿好像不是这么想的。她对学习成绩很在意，开学后每天都学习到很晚。周末还报名参加了补习班，怎么想女儿都不是那种不想上学的孩子啊。

不过女儿最近确实有变化。好像不太愿意讲学校里的事情，平时看上去闷闷不乐的，对学习也没有之前那么上心了，最近一次的考试成绩还下降了。张娅记得当时自己还安慰女儿，让她不要太在意，之后努力就能进步的。

虽然张娅担心自己误会了孩子，但思来想去，她还是决定和孩子认真谈谈。为了让对话不要太紧张，张娅特地做了孩子喜欢吃的菜，看女儿吃得津津有味，张娅小心翼翼地试探道："还是家里的饭菜好吃吧？"女儿点点头。张娅说："看你最近总是肚子疼，是不是学校里吃得不合胃口？我们之后带饭去学校吃好不好？"女儿说："学校里吃得还行。""可我感觉你好像最近上学不太开心呢。"女儿低下头，沉默了一会，又点点头。"是不是碰到啥困难了？妈妈能不能帮上忙？"女儿瞟了一眼张娅："妈妈，我要是实话实说，你不会骂我吧？"张娅说："你跟妈妈说实话，妈妈保证不骂你。"女儿说："我好像一想到去上学就肚子痛，不去上学就不痛了。"

果然和上学有关！张娅心里的疑惑算是解开了，但又产生了新的问题，女儿怎么就不想上学了呢？难道和上次考试没考好有关？一次没考好而已，怎么就不想去上学了？明明我们没给孩子什么压力，为什么她那么在意成绩？张娅并不知道，孩子从萌生厌学[1]情绪到出现拒学行为，其实已经经历了一个漫长的过程。那么，那些不愿上学的孩子，心里究竟在想什么呢？

厌学的青少年可能会有怎样的想法或体验

对于上学感到极大的压力和抵触

由于种种原因，这些孩子对学校生活感到严重的不适和压力。这种压力往往来自多个方面，例如，学业上的困难，缺少亲近的同

---

1. "厌学"一词实际上是国内的习惯用语，其指代的现象对应的是西方研究者常用的"拒学"（school refusal），即学龄期的孩子因为各种原因无法或抗拒在学校完成学业的行为。为了尊重国内读者的阅读习惯，本文将广义的拒学现象称为"厌学"，其中不包括孩子对上学出现的正常倦怠情绪，而是更强调孩子因为种种原因出现无法继续学业的困难。

学关系，对学校环境的不习惯，等等。孩子可能尝试过一些方式应对压力，但没能成功，更加感到无力、被动且焦虑。由于感到很多问题产生于学校环境中，孩子逐渐会产生一种逃避心理，将不上学作为唯一的解决办法，开始以各种方式抗拒去学校。案例中孩子的内心也可能经历了这一系列过程。

失去约束，作息无规律，无法管理好日常生活

厌学的孩子往往会以各种方式抗拒去学校，假如没有明确的规划和去处，一般会选择待在家里，将自己关在房间里，试图以此逃离那个让自己感到焦虑的环境。在这种与外界隔绝的状态下，孩子摆脱了自己的社会性义务，也无需遵守时间规则，假如没有家长的干预，孩子可能会失去规律性的生活作息，甚至昼夜颠倒。另外，孩子可能会寻求其他社交渠道，例如，花更多时间在网络互动上，容易沉迷于网络或游戏。

从日常轨道上脱离，迷茫和不知所措

孩子会将自己无法继续上学的状态视作一种失败（尽管有些孩子可能会说自己不在乎，或者表现得很希望离开学校，但这些表现大多是为了掩饰自己内心的失落和难过）。脱离主流"赛道"之后该如何设想自己的未来？这个问题让他们感到迷茫，甚至不敢细

想。这种恐惧感可能会进一步引发回避行为，使他们以一种得过且过的方式应对困难。如此一来，现实问题会随着时间的推移越积越多，复学或寻求其他出路在他们心里也变得越发困难。

担心且害怕被周围人笑话、让家长和老师失望

很多孩子会感觉无法继续上学是自己的错。他们不仅要承受自己内心的不安和恐惧，还会留意家人的担心、焦虑和失望。此外，当孩子因为厌学而离开学校一段时间后，即便考虑返校的可能性，也往往会产生对返校的担忧。除了担心能否再次适应校园内的学习和生活节奏，还会担心自己在返校后能否再次被老师和同学接纳。"同学们会不会问我这段时间是怎么回事？要是被问了，我该怎么说""老师会不会认为我不是好孩子""他们会不会在背后议论我"……出于这些担心，孩子在返校后会经历一段较敏感的时期，会更在意周围人的态度，也可能因此而更容易感到疲惫。

什么是厌学

从哪一刻开始，我们会注意到孩子存在上学的困难呢？大部分家长都是在孩子明确拒绝上学后，或者由于各种原因无法坚持完成学业时，如案例 13-1 中的孩子以生病为由逃避上学，才开始对这

个问题有所觉察。实际上，在孩子抗拒上学前，其厌学情绪已经在各种挫折和缺乏支持的状态下不断累积，这些累积的问题和情绪最终导致孩子脱离家庭和社会所认可且维护的正轨。

换言之，在明确表示抗拒上学之前，孩子大多经历过一番内心挣扎。对大部分孩子而言，发展和同龄伙伴的关系及获得同学和老师的认可，是其价值感的重要来源，以及确定身份感的重要方式。因此，假如在学校的生活相对顺利，孩子大多不会抗拒上学。毕竟目前在学校外适合孩子的成长和发展且能被社会认可的环境并不多。孩子在做决定时往往也会考虑未来的发展，只是在一些压力状态下选择不去面对罢了。

那么，是哪些因素的累积让孩子抗拒上学？

孩子为何会厌学

在一项针对中国学生厌学问题的研究中，研究者通过质性研究分析概括了引发和维持厌学问题的五个主要因素。它们分别是：社会层面的焦虑和压力；学校生活存在困难和挑战；家庭无法提供足够的支持；个人目标和价值感缺失；健康问题的影响。接下来笔者将简短地就这五个因素进行介绍。

社会层面的焦虑和压力

工业革命之后，我们迎来了科技的快速发展，但代价就是我们在工作、学习中的价值被量化。在单位里，设置各种业绩考核指标，在学校，重点关注学习成绩。我们害怕自己的价值被否定，也担心因此影响工作和收入，于是兢兢业业、恪尽职守。尽管这种状态让我们感到疲惫，但我们又感到不得不接受这个规则。我们担心孩子会输在起跑线上，将孩子和别人家的孩子横向比较，不断加码。在这种趋势下，很多孩子的学业负担不断增加，甚至在假期都难以得到休息。有些父母只关心孩子的成绩，这种"唯分数论"的价值取向不仅将孩子置于高压的学习环境中，也将孩子的价值感和考试成绩过度绑定，甚至导致孩子除了成绩体会不到其他事情的价值和乐趣，为精神心理问题的产生埋下了隐患。

学校生活存在困难和挑战

由于大部分学校还是以考试成绩为重，强调孩子在重点科目上的表现。相比而言，舞蹈、艺术、体育等科目较不受重视。面对学校内单一的评价体系，一些孩子可能因为无法得到认同而抗拒上学。

在学业压力之外，青春期的孩子在校还需要面对如何与老师、同学和睦相处的问题。青春期的孩子大多在意同龄人的态度和看法，也需要朋友的陪伴，假如不被同学认可，感到孤单，甚至遭遇排挤，学校将会变成一个让孩子想要回避的场所。在一些学校中，由于缺少正确的引导和支持，学生之间可能会存在学业上的恶性竞争。学生之间不是互相支持、共同进步，而是视彼此为竞争对手，成绩好的学生会遭受嫉妒和攻击。这种情况也可能会引发一些孩子的厌学情绪。

家庭无法提供足够的支持

尽管青少年面临来自社会和学校的种种压力，但在压力和孩子之间，存在家庭这个重要的缓冲带。如果缓冲得当，孩子感受到的压力和烦恼可以显著减少；反之，如果这个缓冲带出了问题、形同虚设，甚至这个缓冲变成了加速带，那麻烦可就大了。假如一个家庭中总是有争吵和矛盾冲突，孩子难免被卷入其中，甚至成为出气筒、替罪羊，或者过度承担家庭责任，无法有充足的精力投入学习。

经过对厌学孩子家庭的观察，研究者总结出四种不良的亲子沟通方式，分别是：（1）轻蔑；（2）忽视；（3）人身攻击和指责；（4）空谈道理。举例来说。一些家长不习惯认可孩子的成绩和努力，习惯使用"这点成绩算什么""你做得还远远不够"这类激将法让孩子继续努力。面对孩子的失败则表达鄙视或贬低（轻蔑），希望以此让孩子提前适应社会上残酷的一面。有些家长忽视孩子的难过和委屈，在孩子表达情绪时，急于和孩子说"没什么大不了的""你不要多想"（忽视）。有些家长则对孩子的过错反应激烈，责骂孩子"没脑子""笨死了"（人身攻击和指责）。还有些家长则在孩子需要帮助时，还没听明白孩子的困难所在就开始长篇大论地输出一些大道理（空谈道理）。需注意，在一些家庭中可能存在多种不良沟通方式，这些方式往往会加剧亲子冲突，让孩子难以从家庭获得有效的支持。

此外，假如家长总是将自己生命中未达成的期待寄托在孩子身上，也可能会给孩子带来负担。研究发现，期待过高（有些家长否认给孩子提高要求，但其对孩子的期待充斥于日常生活。例如，在介绍孩子时总是讲孩子取得的成绩，只认可孩子听话的部分等）、期待过低（孩子感觉自己不被关注，对未来也没什么打算），或者期待彼此矛盾（孩子会感到自己夹在中间，不知道该听从谁的期待，或者感觉家人的期待和自己的愿望相互冲突）都会加重孩子的厌学情绪。

个人目标和价值感缺失

有一些孩子看上去成绩还不错，在学校人际关系也还可以，但就是没有上学的动力。他们无法感到学习的意义，当被询问人生目标和对未来的计划时，经常会表示"没想法""不知道"。这类孩子往往在成长过程中被剥夺了探索自身兴趣及构建个人目标的机会，只是被动地接受家长和学校的安排，将考高分作为唯一的努力目标。这样一来，孩子不明白自己读书的意义所在，无法形成足够的内驱力。一方面为了满足父母的期待，不得不遵循这种安排，一方面勉强自己坚持学习，感觉很累，并且难以从学习过程中获得乐趣。

　　另外，假如孩子过度在意考试结果，也会因为压力过大而产生厌学情绪。这种对考试成绩的过度焦虑提示孩子可能存在低自尊的情况，换言之，孩子无法确定自身的价值，将自我价值和考试成绩过度绑定，认为自己只要考不好就一无是处，情绪也会随着成绩高低而大起大落。这种情况往往和父母不善于认可孩子学习之外的优点有关。有些父母害怕孩子"得意忘形"而吝于表扬，殊不知孩子可能因为缺乏父母的认可而难以建立自信。当孩子尚可通过努力提升成绩时，低自尊的问题不易暴露，可一旦碰到瓶颈，孩子就容易将失败归因于自己不够好，陷入焦虑和纠结之中。案例中的孩子就属于这种类型。这类孩子的厌学表现一般比较隐匿，因为他们较少和家人正面抗争，但和考试成绩相关的强烈焦虑本身会造成生理不适，孩子可能会"顺势"躲进疾病带来的继发性获益中。

健康问题的影响

当然，健康问题本身也会影响孩子继续学业。除了躯体疾病，以抑郁障碍、双相情感障碍、焦虑障碍为主的精神心理问题也是影响孩子上学的重要原因。这些心理疾病受到生物遗传因素的影响，在压力环境下更易加重。它们会让孩子无法集中注意力学习，影响饮食和睡眠节律及孩子在校的人际关系，让孩子难以继续学业。因此，假如孩子出现持续性的不开心、烦躁不安或情绪不稳定，需要尽早到专业机构进行诊治。关于在何种情况下需考虑孩子可能有抑郁或焦虑相关的问题，我们将在下文具体讨论。

假如孩子厌学，应该怎么办

了解孩子厌学的原因，共同探讨解决方案

如上文所述，每个孩子厌学的背后都有不同的原因，只有了解了症结所在才能对症下药。这个了解的过程不仅需要与孩子的沟通，也可能涉及与学校老师和同学进行联系，相对全面地了解孩子在校园生活中遇到的困难。另外，上文提到的五个引发和维持厌学问题的主要因素之间存在相互影响的关系，因此在孩子身上可能同时存在多个因素的影响。社会、学校因素作为背景性因素，我们能

对其改变的程度较小，但若能有效调整其余三个因素，也足以改善孩子的厌学情绪。需注意的是，无论何种解决方式，都应尽量和孩子共同探讨，征求孩子的意见和想法，毕竟不论是何种方式，只有孩子认可并愿意参与才更有可能成功。

改善家庭氛围，减少不良沟通方式

假如孩子主要受到了家庭因素的影响，如父母之间总是冲突不断，那么父母首先要做的就是避免让孩子卷入夫妻间的问题中，例如，夫妻吵架后不要找孩子倒苦水，也尽量不把负面情绪带到和孩子的相处中。当然，假如你处在一个情绪强烈的状态下，很难让自己使用这些理性的方式。此时可以先尝试和让你感到焦虑或愤怒的对象拉开一些距离，然后做几次深呼吸调整自身状态，待相对平静之后再进行表达。

认清孩子的能力和潜力，调整对成绩的预期

假如孩子主要是因为感到学习压力过大而厌学，或者觉得无法达到父母的高期待，那我们可以考虑一下，是否在孩子身上投注了自身的焦虑？对孩子成绩和未来的担忧是否混杂了自己的悲观视角？也许你会感到困惑，难道不能给孩子期待？并非如此。在前文中我们也介绍了，家长过低的期待也可能导致孩子对未来缺乏

目标。因此，最理想的情况是"足够好"的期待，它既能作为孩子前进的动力，又不会因为无法达到而造成过重的负担。那么这个度应该如何把握呢？在此笔者介绍一个"最近发展区"的概念。最近发展区是指现有发展水平和潜在发展水平之间的距离。现有发展水平可以通过孩子独立解决问题的能力来评判，而潜在发展水平则与孩子在经验丰富的成年人或同伴的指导或帮助下解决问题的能力有关。简单来说，最近发展区就是孩子自己完成有些难度，但在他人的帮助下或克服一定困难就能做到的范围。每个人的最近发展区都有所不同，要知道它的具体范围，需要对孩子进行仔细观察和了解（这方面也可以和老师进行沟通），根据情况调整目标的难度，并适时地给孩子提供支持。

改变"问题取向"的评价方式，利用孩子的自身资源提升学习效率

假如孩子存在自我价值感低的情况，那我们需要考虑是否如前文中所说的，孩子在生活中比较缺乏来自父母的认可。以打压／贬低式的激励方式（看看某某某，人家怎么怎么好）和激发羞耻心的方式鞭策孩子，有时确实会有效，却隐藏着危险。总是关注孩子的问题、叮嘱他们因为不足而要努力，会让孩子形成一种"自己不够好"的印象。孩子会因此忽略自身的优势，强行要求自己符合某

个标准，这样一旦失败，又会强化自己不行的印象，并陷入自责和无力感中，久而久之，就可能会放弃努力。实际上，不同的品质都有其积极和消极的面向：顽皮捣蛋的积极面是精力充沛，冲动莽撞的积极面是勇敢无畏；逻辑性强的消极面可能是不够灵动，天马行空的消极面可能是散乱无章。每个孩子都有其性格特点，呈现在学习和生活中，就会表现为擅长和不擅长。从其长处入手，一起想办法帮助孩子将知识迁移到其不那么擅长的部分，会比让孩子硬生生地改正某个"不足"来得有效。

鼓励孩子在校园内构建自己的支持系统

正如前文所述，孩子在校园中可能会遭遇不同来源的压力和挑战，父母作为孩子的后盾，可以在孩子回家后给予其支持和鼓励。与此同时，假如孩子能在学校里找到支持性的关系，同样可以给他们的校园生活带来极大的助力。而孩子会选择不上学往往正是因为在校园中没有足够好到可以拉住他们的关系。可能孩子性格内向，在关系中表现被动，不习惯过多地表达自己，或者容易感到自卑等，这使一些孩子在校园人际关系中变成了"边缘人"。校园人际关系困难是一个相对复杂的问题。除了校园霸凌这类极端情况，孩子也可能会苦恼于没有很好的朋友，或者感觉在群体中融入不进去。在这些情况下，假如孩子愿意倾诉，家长可以耐心倾听，如果孩子需要，家长可以提供一些建议，如果孩子不想和家长讨论，家长也可以鼓励他们去学校的心理咨询中心或找心理咨询师聊聊。

假如孩子表现为沉迷于网络或游戏而不愿上学——这不单单是游戏的问题，我们在之后的相关内容中会详述。

小结

青少年从厌学情绪发展到抗拒上学的行为，是一个涉及社会、学校、家庭、个人等多方面影响的问题。当孩子提出不愿上学，对大部分父母而言必然是一种挑战。孩子可能还挑选了一个不太合适的告知时机，此时父母可能更难以保持平静，耐心对话。建议父母能安排一个合适的时间，在劝诫孩子上学之前，先问问孩子不愿上学的原因，尝试找到问题所在。根据不同层面的问题采取相应的应对策略。假如孩子的情况较为复杂，也可寻求专业人士的帮助。

第十四章

进食障碍

☑ **案例 14-1**

何慧（化名）面无表情地看着满满一桌子菜，内心非常焦虑、无助。她不知道经历了多少次这样的场景，自己做了女儿最爱吃的菜，但是女儿只吃了几口就跑去卫生间吐了。看着目前休学在家，身高近170cm，体重却不到40kg的女儿，何慧内心万分焦急。

她不知道发生了什么。只记得女儿进入青春期后，和自己的交流没有以前多了，何慧自己平时也忙于工作，没有多在意。上高中后，女儿寄宿，偶尔周末回家，在家时也经常把自己关在房间里，有时饭也不和家人一起吃。说起来，近几个月不一起吃饭的次数越来越多，女儿也是在这段时间肉眼可见地消瘦下来的。

246

女儿的身材像他爸爸，从小就有点胖乎乎的，自从升入高中后，她对自己的身材更加在意了。有一次母女俩一起去买衣服，女儿试了几件都不合身，情绪明显就低落了。大概一年前，有一次女儿回家，何慧发现她好像瘦了些，心情似乎也比以前好了些，女儿说自己在减肥，希望身材可以好一点。何慧觉得女孩子爱美也很正常，看到女儿能开心一些，就决定支持女儿这么做。

开始减肥后，女儿对于食物格外挑剔，对于自己没接触过的食物总要去查一查卡路里，每天严格地控制热量摄入。饭后女儿还给自己制订了详细的运动计划。有一段时间女儿似乎碰到了平台期，体重怎么也减不下来。何慧注意到女儿每天要称好多次体重，情绪也随着体重的高低而起起伏伏。又过了一段时间，女儿似乎找到了什么方法，饮食方面不再像之前那样严格限制了，偶尔还会和家人一起吃顿大餐。

何慧没想到，女儿找到的方法居然是催吐。

要不是那次和女儿谈话，何慧也许一直被蒙在鼓里。这几个月来，她已经注意到有些不对劲了：随着天气变热，衣服下的身形显现，女儿消瘦得让人吃惊，女儿的两颊明显凹陷，面色苍白，头发显现出干枯稀疏的状态。尽管不愿过多干预女儿的独立自主，但何慧已经无法抑制内心的忧虑不安，要求女儿和自己谈谈。何慧本以为这会是一场艰难的谈话，没想到一开始女儿就向自己哭诉："妈妈，我觉得我控制不了了。"原来女儿最近已经不想变得更瘦了，但饭后的呕吐似乎成了一种条件反射，她感觉自己的胃里似乎装不下多少食物，有时候只吃一点都会翻江倒海般难受。原本需要抑制的食欲，不知从哪天起就再也没有出现，女儿现在每天都逼着自己吃东西，可因为实在吃不进多少，体重依然不断地下降。

何慧带女儿去了医院，医生说女儿患上了一种名为"进食障碍"的疾病。

何慧非常自责。假如自己能早一点发现问题，女儿是否就不会发展到这种程度了。或者自己当时就不应该支持女儿减肥！

此外，何慧也非常困惑，女儿身上，到底发生了什么？

患有进食障碍的青少年，可能会有怎样的想法或体验

被进食相关想法占据了大量注意力

对患有进食障碍的孩子而言，食物、体型和体重是生活中至关重要的事。患有神经性厌食症（进食障碍的一种亚型）的青少年可能会花大量时间考虑如何减轻体重或维持低体重，包括如何坚持不

吃东西，选择吃何种低热量的食物，以及吃了食物后如何消耗这些热量。患有神经性贪食症（进食障碍的一种亚型）的青少年则通常花更多时间考虑如何清除刚刚吃下的大量食物，并且可能会为自己失控的暴食行为而内疚，从而开始考虑一个更不容易被打破的节食计划。这些念头可能占据了孩子大量的注意力，以致他们无暇顾及学业、家人和朋友，甚至对自己的健康也漠不关心。

　　也许一些青少年的学习成绩会在节食的同时有所上升，但那只是一个短期的现象。因为在节食初期，随着持续地禁食，人们体内的"饥饿信号"会发生紊乱，一部分孩子会发现不吃东西变得更容易了，此时这部分孩子会感觉获得了某种控制感，并且因为成功减重而获得成就感。随之提升的自信和自尊会带动孩子学习的专注力和行动力，所以我们会看到有些孩子报告说节食减肥后心情变好了，头脑变清晰了，人变得更自信了，等等。这个过程会将节食减肥这一方式更牢固地固定下来。但节食的进一步发展会走向两个方向：一种是饥饿信号逐渐消失，孩子感受不到饥饿，发展到极端消瘦的状态，甚至危及生命；另一种是饥饿信号依然存在，孩子在感到饥饿后无法控制地大量进食，随后发展出暴食 – 清除症状。这里其实存在一个悖论，就是青春期的孩子明明是在追求独立和控制权，却被进食相关的念头所控制。

不断地照镜子、称体重

这是被进食相关念头控制的常见表现之一。患有进食障碍的青少年会不断地查看体型和体重情况，以确保一切都在掌控范围内。而力求掌控的背后是他们对体重增加和体型变胖的焦虑和恐惧。在镜子前或体重秤上的确认只能带来短暂的安心，焦虑感很快又会上升，需要再次进行检查。这个过程已超出理性控制的范围，因为我们知道，体型、体重不会在那么短的时间内有多大的改变。这种行为可以算得上是某种特殊的"强迫行为"。但和强迫症不同的是，患有进食障碍的孩子较少因为这种反复检查而感到困扰，因为成功控制体重所带来的成就感会强化相关行为。对这类行为，家长可以采用一些方法减少孩子对检查的依赖。例如，由家长保管体重秤，定期称重一次，或者家里不放体重秤，让孩子去医院复诊时再称体重。这种干预短期内可能会造成孩子的焦虑上升，但长期而言可以减少孩子对体型及体重的过度关注。

明明只吃了一点点，却觉得吃了很多

从心理层面而言，孩子可能长期将进食视作失败和软弱的表现。这种认知歪曲很难立即扭转，因此即使只吃了很少量的食物，也会让孩子体验到与失败和无价值感有关的内疚感和批评性的念头。举例来说，他们吃一口饭所体验到的焦虑和内疚的程度也许和我们吃一顿垃圾食品所体验到的相同。从生理层面而言，极端节食会导致胃容量下降，胃排空速度也会相应减慢。由于这种胃容量的改变，孩子很可能吃少量食物就会感到饱胀，而且这种感觉会持续较长的时间。此外，长期的饥饿会影响体内调节饥饿信号的神经中枢，导致本该释放的饥饿信号不再正常释放，因此，孩子很难体验到饥饿感，这会使进食变得更加困难。以上两方面因素都会影响孩子的体验，使他们所认为的"吃得多"偏离我们的常识。

明明已经很瘦了，依然觉得自己胖

请注意，这不是孩子在狡辩或欺骗。这种现象在患有进食障碍的孩子身上很常见，其专业名称为"体象障碍"。在他们的主观世界里，自己确实很胖，或者即便他们知道自己很瘦，但仍旧无法摆脱"自己很胖的感觉"。这样一来，孩子能想到的摆脱痛苦的唯一办法就是"再减一斤"，但讽刺的是，体象障碍并不会因为现实中的变瘦而缓解，反而在更多的案例中，随着孩子不断变瘦，体象障碍依旧存在甚至加重。这就形成了进一步减肥和进一步歪曲现实的循环。好消息是，随着体重增加，很多孩子的体象障碍也会逐渐改善。

什么是进食障碍

一谈到吃，很多人都会兴致勃勃、谈兴大发。自古有云，民以食为天。吃是如此重要，和呼吸、睡眠一样，是我们生命得以维系的基本生理功能。随着食物被摄入、消化和吸收，我们的身体从一种相对饥饿、疲惫的状态来到一种充满能量的状态。进食使我们的精力得以恢复，情绪也能得到改善。

所以我们的身体天生就知道如何通过进食来达到一种满足、舒适、喜悦的状态，这是一个自动自发的过程，无需刻意调节。

但是在进食障碍患者身上，这个自然的过程受到了干扰。

进食障碍，顾名思义，就是和进食有关的一系列异常体验和行为。

目前精神科最常见的进食障碍主要有三类，分别为：神经性厌食、神经性贪食和暴食障碍。根据《精神障碍诊断与统计手册（第五版）》（DSM-5），这三类疾病的诊断标准分别如下。

神经性厌食

A. 相对于需求而言，在年龄、性别、发育轨迹和身体健康的背景下，出现了因限制能量的摄取而导致显著的低体重。显著的低体重被定义为低于正常体重的最低值或低于儿童和青少年的最低预期值。

B. 即使处于显著的低体重，仍然强烈害怕体重增加或变胖或有持续的影响体重增加的行为。

C. 对自己的体重或体型的体验障碍，体重或体型对自我评价产生不当影响，或持续地对目前低体重的严重性缺乏认识。

神经性贪食

A. 反复发作的暴食。暴食发作以下列 2 项为特征。

　　1. 在一段固定的时间内（如在任意 2 小时内）的进食量大于大多数人在相似时间段内和相似场合下的进食量。

　　2. 发作时感到无法控制进食（如感觉不能停止进食或控制进食品种或进食数量）。

B. 反复出现不恰当的代偿行为，以预防体重增加，例如，自我引吐，滥用泻药、利尿剂或其他药物，禁食，或者过度锻炼。

C. 暴食和不恰当的代偿行为同时出现，在 3 个月内平均每周至少 1 次。

D. 自我评价过度地受身体的体型和体重影响。

E. 该障碍并非仅仅出现在神经性厌食的发作期。

暴食障碍

A. 反复发作的暴食。暴食发作以下列 2 项为特征。

1. 在一段固定的时间内（如在任意 2 小时内）的进食量大于大多数人在相似时间段内和相似场合下的进食量。

2. 发作时感到无法控制进食（如感觉不能停止进食或控制进食品种或进食数量）。

B. 暴食发作与下列 3 项（或更多）有关。

1. 进食比正常情况快得多。

2. 进食直到不舒服的饱腹感出现。

3. 在没有感到身体饥饿时进食大量食物。

4. 因进食过多感到尴尬而单独进食。

5. 进食之后感到厌恶自己、抑郁或非常内疚。

C. 对暴食感到显著的痛苦。

D. 在 3 个月内平均每周至少出现 1 次暴食。

E. 暴食与神经性贪食中反复出现的不恰当的代偿行为无关，也并非仅仅出现在神经性贪食或神经性厌食的病程中。

进入青春期，随着身体的发育，因同伴之间的模仿及比较，孩子对外表的关注达到一个高峰。在这个时期，孩子出现想要变得更好看、想要身材苗条的愿望，也需要在独立的过程中逐渐探索并形成自己的饮食、运动习惯。因此，我们也许会困惑：究竟哪些行为是异常的？为什么会有这样的行为？发现异常后我们又应该怎么做？如何帮助孩子回到健康状态？

常见且需要重视的异常行为或现象包括以下几点：

（1）极端刻板的进食模式，例如，在进食之前必须对食物进行称重，计算卡路里，只吃自认为清淡的食物；（2）总是在饭后马上去厕所；（3）经常不吃正餐，或者总是拒绝和家人/朋友一起用餐；（4）长期服用减肥药或泻药；（5）过度消瘦；（6）对于女性来说，体重下降的同时出现两次停经。

也许你会留意到一些反常的情况。例如，孩子经常不和家人一起吃饭，食物总是莫名其妙地消失，时间持续3个月以上，并且影响到孩子的生活，比如持续一段时间出现学习成绩下降等，这些都可能提示存在进食问题。建议及时寻求专业评估。

为什么会患进食障碍

当孩子被诊断为进食障碍，你可能会想了解是哪里出了问题，甚至会纠结是不是自己养育孩子的方式有问题。

其实，关于进食障碍的致病原因，至今没有定论。关于进食障碍的病因，不同理论都是从某一个侧面切入，但无法完整地描述这一复杂的过程。只有一点我们比较确定——这种疾病是在多因素交互作用下产生的。进食障碍受到生物－心理－社会三个层面的影响，由于篇幅的限制，下面我们仅从心理层面展开谈谈。

家庭因素

在前文我们已经了解到，家庭作为一个系统，家庭成员在其中是如何互动及相互影响的。在进食障碍孩子的家庭中，主要观察到四种常见的家庭模式。

- 纠缠的家庭：这类家庭内部纠缠不清，家庭成员之间没有边界。父母过分依赖孩子，不允许孩子个体化或与父母分离形成自己的身份。父母可能会以自己的价值观和梦想来要求孩子，对孩子有较强的控制欲。孩子则难以形成对自己的身份认同，总是将父母的感受和期待放在自己的需求之上。在这类家庭中，孩子可能会难以清晰地描述及表达自己的需要。

- 保护过度的家庭：在这类家庭中，往往可以看到十几岁的孩子还必须对父母言听计从，或者父母过度承担本应由孩子承担的责任。这样一来孩子被剥夺了独立思考和解决问题的机会，承受挫折的能力也难以得到发展。孩子可能会一边想要摆脱束缚，一边又缺乏安全感，难以相信自己可以真正独立。

- 回避冲突的家庭：这一类家庭表面上风平浪静，但家庭成员之间关系疏离，或者面对冲突倾向于采取压抑或回避的策略。这种家庭中难以形成深入的互动关系，孩子无法从家庭中学习如何沟通和化解人际冲突，对家庭外人际间的冲突也往往难以适应。

○ 僵化的家庭：在不同的家庭生命周期，父母所扮演的角色及承担的功能有所不同。在这类家庭中，父母难以适应青春期的孩子长大后需求的改变，仍旧以过去的方式对待孩子。例如，无法接受孩子独立自主的需要。这样一来，家庭中容易产生较多的矛盾和冲突。

个人因素

○ 早年的创伤经历：有些进食障碍的孩子可能在早年遭遇了与进食有关的事故，如异物呛食或严重的便秘等。这些早年的创伤经历可能会在一些应激情境下被激活，导致孩子对进食或排便存在很强的焦虑或阻抗，从而出现进食困难或滥用通便剂。对另一类孩子而言，食物可能是家人之间重要的情感纽带，是亲人表达关心和照顾的唯一方式，这类孩子也可能会倾向于产生与进食有关的问题。

○ 情绪调节困难：进食障碍的孩子可能存在情绪调节困难，当体验到较强烈的情绪时，他们不知应该如何应对，而食物作为一种能快速改善情绪的物质，很可能会被不断地使用，以致他们彻底依赖这种方式。偶尔吃些美食改善情绪并无不可，可问题在于，长期且仅仅使用这一种方式来调节情绪，容易让人陷入恶性循环，因为现实中的问题并不会因为改变进食习惯而得以解决，并且当事人可能因为自己的不断回避而产生内疚不安，加重了事件所带来的压力。

○ 过度关注细节的思维模式：研究显示，进食障碍患者的思维缺乏灵活性，常常迷失在细节中，只见树木不见森林。过分关注细节会让人更加偏执，而且注意不到正在发生的问题的后果。例如，很多孩子会执着地想要减肥，但不考虑营养不良带来的身体伤害。

○ 生理和心理的退行：有一些观点认为，进食障碍（尤其是厌食症）是因为无法顺利进入青春期而退行至幼儿状态。弗洛伊德认为婴幼儿的发展会经历口欲期、肛欲期、性器期三个阶段，即孩子的主要兴趣随着年龄增长分别主要集中在口腔、肛门或生殖器部位。进食障碍患者过度关注进食行为，类似于在精神心理发展上退回了较早的口欲期（关注点集中于进食，和口腔有关）。另外，过度节食和锻炼导致的过度消瘦和闭经，使孩子回到青春期身体发育前的状态。经由以上两方面，青少年从心理和生理上回到了幼儿的依赖状态。学者认为，患厌食症的青少年对与青春期有关的生理变化、确立更独立的社会身份及作为性成熟的个体进入社会关系感到焦虑。而这种看似幼儿的状态能够帮助他们回避这些青春期的冲突。

假如孩子患了进食障碍，应该怎么办

在前文中，我们可以看到，进食障碍是多因素交互影响下形成的。因此，尽管我们分析了一些已知的致病因素，但当问题出现时，先不用过度纠结是什么导致了进食障碍。如果追究病因占据了太多的注意力，也许反倒有负面的影响。当你觉得自己有问题时，可能会变得不知所措，不敢用过去习惯的方式和孩子互动，还可能会因为内疚变得小心翼翼。这会让你在之后帮助孩子克服进食障碍的过程中缺乏足够的决心和力量。

假如孩子被诊断为进食障碍，接下来你需要参与相关的治疗进程。由于病因及病症复杂，进食障碍的治疗需要与专业的团队（精神科医生、心理治疗师、营养师等）进行合作。你需要与这些专业人员保持沟通，提供你所了解的关于孩子的重要信息，学习关于后续健康管理的相关内容（你将是孩子康复过程的重要陪伴者），并且在充分参与孩子的治疗过程的同时，在专家的指导下做出必要的改变。也许你会担心自己做不好，或者尚不清楚自己应该怎么做。

这些担心和焦虑是很常见的。你可以就这些顾虑与专家进行沟通，并进一步确定自己需要做什么，不需要做什么。

目前国内的进食障碍治疗方式分为门诊治疗和住院治疗两类。不论是否住院，治疗最重要的部分是改善由于极度消瘦或肥胖所造成的健康问题。其次是在专家的帮助下，帮孩子改善不良的进食模式，并通过心理治疗更好地理解孩子为何会患上进食障碍及如何更好地维持良好的进食方式。在心理治疗方面，目前对进食障碍疗效证据最多的是"以家庭为基础的治疗"（family-based treatment，FBT）。这种治疗方式鼓励家庭成员共同参与，帮孩子一起战胜进食问题。

在帮助孩子接受治疗的过程中，家长可能会遭遇一些沟通方面的困难。应对的主要原则如下。首先，避免陷入道理上的争论，也尽量不要指责孩子，给予孩子适当的陪伴和支持，抽一些时间听孩子表达自己的想法。其次，对健康的行为可给予鼓励和强化，但对病理性行为（如节食、催吐等），需要态度坚定地予以制止。再次，构建家庭内部统一战线，每个家庭成员彼此合作，共同努力。最后，注意照顾好自己，避免过于焦虑。

小结

　　进食障碍是一种可能严重干扰青少年躯体发育和心理成长的疾病，必须尽早干预。一旦确诊，建议尽早前往具备专业团队和治疗条件的机构。在控制病理性进食行为的过程中，父母需要态度一致，共同协作，坚定地采取干预措施。在对病理性进食行为采取坚定的反对态度之外，我们也可以理解，当控制体重或某种进食方式变成生活中最重要的事情时，要想改变是比较困难的。有些孩子可能曾经因为成功减肥得到了周围人的赞美和肯定，这会强化孩子的行为模式。而当体会到大量进食可以迅速改善情绪时，有些孩子可能会将此作为应对人际问题的快捷方式。我们可以尝试去想象，与进食障碍"分手"，是在让孩子放弃一种对他们而言非常重要的"问题解决方式"。此时，父母的理解和陪伴是非常重要的。你的支持将帮助孩子度过这段艰难的时光，重新享受自在进食带来的放松和喜悦。

第十五章

青少年的抑郁和焦虑

"悠悠（化名）这孩子最近是不是碰到什么事了？"奶奶这几天有点发愁，和妈妈抱怨起来。确实，最近悠悠看上去总是心事重重，不知道在想什么，一副高兴不起来的样子，看起来没精神，说话有气无力的，吃饭也只吃几口就放下筷子。一开始家里人还以为孩子和朋友闹矛盾了，但问悠悠她又说不是这样，"我们挺好的，没啥事"。问她有什么心事，她又不说，有时候问多了，她的眼泪就开始吧嗒吧嗒往下掉，或者直接回房间把门锁上。妈妈心里很着急，却不知如何是好。

妈妈联系了班主任，想了解一下悠悠在学校的情况。班主任反馈说悠悠最近在学校确实有些变化，经常在课间趴在桌上，上课也不太专心，被提问时总是说不知道，体育课上还多次因为动作太慢被老师点名。最近的作业质量也没有以前好了，会有很多由粗心大意而出的错，纠正了好几次都没改过来。

　　得到老师的这些反馈，妈妈再次向悠悠了解情况。悠悠一开始还有些抵触，赌气说："你们之前都不管我，现在来问我有什么用。"妈妈说："妈妈之前疏忽了，是妈妈不对，妈妈看你现在好像很难受，状态也不好，能不能把你的情况告诉妈妈，我们一起想想办法？"悠悠哭着说："我也不知道怎么回事……就是每天都好累，晚上总是睡不着，早上起不来床，每天都要费好大力气才能起来……也看不进书……老师还不喜欢我……我真的好累……"妈妈不禁感到心疼，觉得是不是悠悠最近的学习压力太大了，跟悠悠说："我们这周末出去玩好不好，你有什么想玩的地方妈妈带你去。"悠悠闷闷地说："没有。""你之前不是说想去迪士尼乐园吗？我们这周六去怎么样？""没兴趣，没意思。"悠悠以前可是个爱玩的孩子，对出门逛街、逛公园之类的活动总是积极响应，尤其喜欢迪士尼动画角色，家里买了好多相关的卡通玩具，去年还心心念念要去迪士尼乐园，只是一直没找到合适的时间。这次妈妈主动安排，她居然说没兴趣，这实在反常。看到悠悠那么反常，妈妈担心悠悠生病了，于是带她去医院做检查。

> 检查了一圈，血常规、血生化、甲状腺功能等都测了一遍，医生看着报告，说孩子身体没事儿，建议去看看心理科。
>
> 心理科？孩子心理是出了什么问题吗？我们平时对她还挺关心的呀，怎么会心理有问题呢？是不是她想太多了？

抑郁、焦虑的青少年可能会有怎样的想法或体验

以前感兴趣的东西，现在提不起兴趣了

与成年人相比，青春期的孩子往往对这个世界有更多的好奇和兴趣，因为很多体验对他们来说都是全新的，他们生命中有很多的"第一次"，未来也有许多值得期待的事情。如果孩子说自己对过去喜欢的事物不感兴趣，尤其是对任何事情都提不起兴趣、总是闷闷不乐，这提示孩子极有可能处于一种低落消沉或心事重重的状态，被抑郁或焦虑情绪所笼罩。

总是感觉疲惫，无法集中注意力

处于抑郁、焦虑状态的孩子常常感到自己在学习和生活中难以集中注意力，有些孩子感觉自己的脑子变笨了，转不动，有些孩子则经常担心事情做不好，多思多虑。很多孩子不知道自己为什么会

这样，因此往往更加紧张不安，陷入恶性循环。周围人也可能会观察到孩子反应变慢，好像总是沉浸在自己的世界里，不确定该如何与孩子接触、交流。

睡觉睡不踏实，有时睡不着，有时醒得早

这类孩子的睡眠情况也会发生变化，常表现为睡眠困难。例如，要好几个小时才能睡着，睡眠浅且容易惊醒，或者很早就醒来，醒来之后再难入睡。很多时候，尽管白天已经很累了，身体也很疲劳，但就是睡不着。睡眠不足也会加重这种疲劳感，周而复始，压力和疲惫日积月累，情绪自然也逐渐向下滑落。有些孩子在晨起时疲惫感最强烈，甚至会出现起床困难，感觉自己无法面对新的一天。

比以前更容易发脾气

与以上情况互为因果的是，孩子在情绪调节方面的功能也会出现问题。当遭遇意外或挫折时，抑郁、焦虑的孩子往往难以调整自身状态以适应变化，而是表现为情绪化的反应，如哭闹、砸东西甚至自我伤害。很多孩子的焦虑或抑郁通常首先以破坏性行为被注意到，如违反规则、顶嘴、打架或发脾气等，这些行为经常被误认为是"青春期叛逆的表现"。

什么是青少年抑郁和焦虑

情绪是我们每个人与生俱来的一种体验世界的方式。每当我们面对对自己比较重要的事件时，多多少少会有一些情绪产生，提示着我们对事件的态度和反应。早在《黄帝内经》中，古人就将基本情绪概括为七情（喜、怒、忧、思、悲、恐、惊）。而经过现代科学研究，西方研究者也概括出六种基本情绪（快乐、惊讶、恐惧、愤怒、厌恶、悲伤），这些基本情绪就像光的三原色，其他情绪都是这些基本情绪的组合产物。

抑郁和焦虑就是两种复合情绪，两者都是负面情绪体验。抑郁主要表现为情绪低落、消沉，可能包括愤怒、悲伤、内疚、羞愧等情绪。焦虑则主要表现为烦躁不安，可能包括担忧、恐惧等情绪。正常情况下，我们都有过抑郁或焦虑的体验，但一般持续时间比较短，不会明显影响学习或工作。如果抑郁或焦虑情绪持续时间较长，就可以说这个人处于"抑郁或焦虑状态"。而当日常生活受到明显影响，并且出现以下多方面的表现时，就需要考虑抑郁障碍或焦虑障碍的可能性。

《ICD-11 精神、行为与神经发育障碍临床描述与诊断指南》一书指出抑郁发作的诊断标准包括以下核心特征。

1. 情感症状群：抑郁心境（青少年时期的抑郁心境也可

以表现为易激惹）；兴趣及愉快感明显减退，尤其是针对平时喜欢的活动。

2. 认知 – 行为症状群：注意力下降或出现明显的决断困难；自我价值感低或过度、不适切的内疚感；对未来感到无望；反复想到死亡或者反复出现自杀意念。

3. 自主神经症状群：显著的睡眠紊乱或睡眠过多；显著的食欲或体重改变；精神运动性激越或迟滞；精力减退、易疲劳。

假如在一天中大多数时间存在至少 5 条上述症状，并且持续至少 2 周，且其中至少 1 条症状源自情感症状群，则可考虑符合抑郁发作的诊断标准。

在焦虑障碍大类中，可根据不同的特殊表现划分为：广泛性焦虑障碍；社交焦虑障碍；惊恐障碍；特定恐怖症；场所恐怖症；分离焦虑障碍；选择性缄默症；未特定的焦虑障碍等。

在这一章节中，我们所说的焦虑障碍主要以"广泛性焦虑障碍"为参照，其在《精神障碍诊断与统计手册（第五版）》中的诊断标准包括以下几点。

1. 过度的焦虑和担忧，个体发现很难控制这种担忧，主要是以持续、泛化、过度的担忧为特征，持续时间 6 个月以上；

2. 至少伴随 3 种下述症状，包括：①不安或感到激动或紧张；②容易疲劳；③注意力难以集中；④易怒；⑤肌肉紧张；⑥睡眠障碍；

3. 焦虑情绪不是由其他的精神障碍所导致；

4. 导致患者社会、职业或其他重要功能受损；

5. 排除物质或躯体疾病所致的精神障碍。

以上是目前在临床中精神科医生对是否患有抑郁障碍和焦虑障碍的判断标准[1]。概括而言，抑郁障碍主要表现为 2 周以上的抑郁情绪，核心症状包括情绪低落，精力减退，兴趣缺失，同时可能伴有注意力、睡眠、饮食的问题，消极的观念和行为。而焦虑障碍的诊断涉及持续更长时间（6 个月以上）的焦虑情绪，症状涉及更多躯体不适，如心慌、胸闷、头痛、容易出汗、腹泻等，感受上偏向于体验到紧张不安。在特定情境下可能出现极端的恐惧，如孩子身处社交场合或远离父母时，但也可能泛化到对每件事情的担心上，变成广泛性焦虑障碍。

抑郁障碍和焦虑障碍存在一些共同的症状，包括注意力和记忆力困难；睡眠问题；过度内疚自责，总是认为自己犯了错；易于疲劳，精力减退；易激惹（发脾气、对立违抗）；严重者可存在思维和认知能力受损，以及自我伤害或自杀行为。

---

1. 本部分内容仅供参考，不作为自评依据，如有需要，请及时就医，并遵从医嘱。

青少年为何会出现抑郁和焦虑

抑郁、焦虑状态的发生经常是生物和遗传、环境（社会及家庭）、生活事件、个人心理因素共同作用的结果。

生物和遗传因素

生物和遗传因素方面，如果父母中有抑郁障碍或焦虑障碍患者，那么孩子会有更大概率出现抑郁、焦虑状态。另外，抑郁障碍或焦虑障碍患者大脑内五羟色胺、多巴胺及去甲肾上腺素这些与情绪相关的神经递质浓度异常，并且感知环境变化的警报系统"杏仁核"的活动比普通人更加活跃，容易放大各种潜在的危险信号，所以患者容易过度反应，并经常感到紧张不安。

环境因素

环境因素方面，不稳定的生活环境容易影响孩子安全感的形成。例如，多次搬家或换学校可能会让孩子难以形成稳定的同伴关系，并经常面临不确定感，或者会多次处在应激状态中。另外，家庭中父母的关系也会影响孩子的情绪。假如家庭中经常发生争吵，孩子容易长期处于应激状态，产生抑郁或焦虑情绪。此外，孩子在成长过程中，其生活环境（尤其是校园环境）也随着年龄的增长而变得更加复杂。与同龄人的相处、容貌焦虑（如对美丑和体型的担忧）、自我身份认同的危机、更高的学业竞争压力，以及来自自身或父母的期待，都使青春期的孩子面临着更多挑战。

生活事件

环境因素会缓慢地影响孩子的情绪，而生活事件（如亲人过世、考试失利、好友转学等）则通常在短期内给孩子造成打击，触发抑郁、焦虑。青少年人群的心理不如成年人的成熟，可支配的资源（如朋友、金钱）相对不足，面对学业压力、情感伤害时又欠缺较成熟的情绪调节能力，这些都让青少年在遇到生活事件时难以及时自我调整。

个人心理因素

在个人心理因素方面，对抑郁、焦虑的心理学理解有很多视角，从认知行为学的角度看来，抑郁者、焦虑者存在很多负性思维内容，甚至是灾难化的思维内容。简单而言，就是容易将问题想得比较严重（需注意，这种多思多虑并非简单地不去想就能控制得了的。很多时候当事人也觉得想太多没用，但就是控制不了）。其中一种情况是，在行动前脑海中会有很多念头产生，但又难以得到一个明确的结论，从而犹豫不决。这些念头包括对如何行动的计划，行动后各种可能性的推演，对不同选项权衡利弊，担心失败，有时甚至一点小事也要仔细掂量，精神无法放松。其中还有一种特殊的思维状态，就是不断重复一个念头，例如，"不能……的话，我就完了"。另外一种情况是，青少年的想法集中于对自己的评价，主要表现为对自己能力的反复怀疑和否定，并伴随感觉自己很差劲的负面情绪。在人际关系中，往往会由于非常在意他人的想法而无法表达自己的需要，事后则会纠结自己的言行举止是否得体，会不会给他人留下不好的印象。假如印象中对方表现得比较冷淡或严厉，就会感到非常难过，长时间地陷入沮丧或自责。这样的反复思考容易使人陷入一种"精神内耗"的状态，进而产生抑郁、焦虑情绪。从精神分析的视角看来，抑郁和焦虑是个体面对内心冲突或需要未能得到满足时产生的情绪体验。常见的冲突类型有：依赖他人与追求独立之间的冲突，例如，既想早日离开家自由地生活，又希望能在需要时有人可以依靠；忠诚与背叛之间的冲突，例如，在家庭中站队，如果站一边，就会背叛另一边；个人需要与他人需要之间的冲突；满足欲望与恐惧惩罚之间的冲突，等等。这些内心冲突往往让人们左右为难，陷入心理能量的过度消耗。

假如孩子存在抑郁和焦虑，应该怎么办

有研究者指出，在早期，青少年的抑郁、焦虑状态有三大识

别信号：（1）反复出现的疲劳感；（2）查无实据的多种躯体不适；（3）性格改变（变得沉默寡言或急躁易怒）。和其他所有心理问题一样，越早发现孩子身上存在的上述异常并进行调整，效果就越好。可以尝试根据前文列举的因素（如生物和遗传因素、环境因素、生活事件）自查，看看近期有无环境的改变或生活事件的发生。若有明确的诱因，可以针对性地进行调整。如果孩子是因为亲人过世而难过，可以陪他看一些这方面的影视作品和书籍，或者一起聊聊关于那位亲人的故事，以及亲人的离开对他的影响。如果孩子是因为面对考试感到焦虑不安，可以一起看看他具体担心或害怕的是什么，是周围人对自己的评价，还是他对自己未来的担忧，然后可以针对具体害怕的对象做一些讨论。假如调整后孩子的抑郁、焦虑状态仍长期持续存在（如持续两周以上），可及时寻求心理咨询师／治疗师、精神科医生的帮助，进行专业评估和针对性干预。抑郁障碍和焦虑障碍可以通过心理咨询或药物治疗或两者的联合使用得到有效改善（病情严重时药物治疗为主，心理治疗为辅；待病情好转后，心理治疗为主，药物治疗为辅）。具体的治疗方案取决于孩子的年龄、症状的严重程度、接受治疗的能力和偏好，以及可支配的精神卫生诊疗资源等。

这里再次强调，早识别、早干预。因为在临床工作中，我们经常碰到的情况是，很多孩子出现了严重的抑郁障碍和焦虑障碍，以致不能坚持上学时，家长才重视起来，带孩子到儿科或精神科门诊寻求帮助。此时，一方面，损害已经随时间累积，孩子已经出现更多的症状和功能损害；另一方面，干预治疗的难度也会增加。面对孩子的情绪异常，家长有时拿不定主意，不知该如何应对，而且也不想耽误孩子的学习，于是会选择再等等。此时向专业人士进行咨询也许是更好的选择。

假如孩子被诊断为抑郁障碍或焦虑障碍，目前有以下三种主要治疗方式。

1. 药物治疗。主要治疗药物包括抗抑郁药和抗焦虑药，使用的总体原则是，尽可能单一用药，难治性病例会考虑联合其他药物合并使用，常见的是抗抑郁药和抗焦虑药联用，或者加用抗精神病药物及增效剂。通常药物需服用一段时间（一般是 2 周），在体内达到一定浓度后产生效果。服用一种新药时，医生会先开具一个较小的剂量，然后在 1 ~ 2 周内逐步增加到治疗剂量，至少用药 2 ~ 4 周才可根据疗效（如症状是否改善）及安全性（如是否存在服药后的不良反应）决定是否进行剂量调整。

2. 心理治疗。针对抑郁、焦虑常用的心理治疗包括认知行为治疗、人际心理治疗、家庭治疗，以及精神动力性心理治疗。以认知行为治疗为例，该治疗一般拟通过 6 个月至 1 年时间，每周 1 ~ 2 次的会面，以及行为练习等帮助孩子调整思维和行为习惯。抑郁、焦虑的孩子可能总是会担心很多，一遇到困难就想退缩，或者把事情想得很糟。在此介绍一种名为"焦虑树"的方法。假如孩子有多思多虑的情况，可以尝试陪孩子一起试试图 15-1 中的步骤，改变思维方式和行为习惯，阻断重复性思维，促成新的行动。根据大脑的可塑性原则，通过不断的重复练习，新的思维和行为方式可以逐渐变成习惯。具体的操作方式如下。

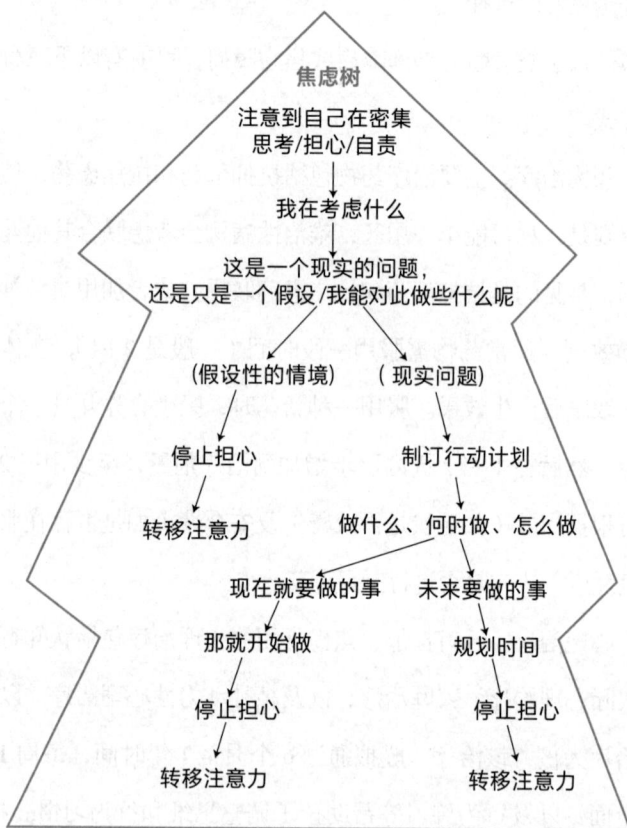

焦虑树

注意到自己在密集
思考/担心/自责

我在考虑什么

这是一个现实的问题，
还是只是一个假设/我能对此做些什么呢

（假设性的情境）　（现实问题）

停止担心　　　　　　制订行动计划

转移注意力　　做什么、何时做、怎么做

现在就要做的事　未来要做的事

那就开始做　　　规划时间

停止担心　　　　停止担心

转移注意力　　　转移注意力

图 15-1　焦虑树

资料来源：Gillian Butler, Tony Hope. Managing Your Mind：The Mental Fitness Guide［M］. Oxford University Press，2007.

3.物理治疗。对于较为严重、药物疗效欠佳的抑郁障碍患者，还可以选择物理治疗这一方式。其中包括改良电抽搐治疗、重复经颅磁刺激，以及一些开展较少的物理治疗，包括光疗、经颅直流电刺激、迷走神经刺激、深部脑刺激等。这些治疗一般都在医生的指导下，在专业医疗机构内进行。

小结

面对发展过程中的各种挑战，以及周围环境的变化或生活事件的影响，青少年可能会产生抑郁和焦虑情绪。作为情绪状态，抑郁和焦虑情绪是身体面对环境变化产生的自然反应，但长期处于抑郁、焦虑状态可能会发展为抑郁障碍或焦虑障碍。因而当青少年出现一些反常的变化，如反复出现疲劳感，存在多种躯体不适但检查未见异常，或者出现性格改变时，家长需要予以重视，帮助孩子进行调整。假如情况未见改善，可尽早在专业人士的帮助下进行评估和针对性干预。

第十六章

社交恐惧

☑ **案例 16-1**

　　自从升入高中，木木（化名）就不太习惯新学校的生活。学校是寄宿制的高中，周一至周五住校，周末可以选择回家，可木木经常打电话跟父母说想回家住。起初父母以为孩子还不习惯，过阵子适应了就好了，所以以安抚、鼓励为主，建议木木主动和同学、室友搞好关系，慢慢就能习惯了。

　　可过了大半个学期，木木还是感觉自己融入不进去，晚上睡不好，总是感到压力很大，期中考试的成绩也下降了，和入学时的成绩差了一大截。父母开始着急起来。

　　考虑到家距离学校不算远，父母让木木改成了走读，早晚打车或开车接送。虽然这么一来多了一笔开支，也要投入更多时间照顾孩子，但想到木木也许可以休息得好一点，父

276

母觉得也算值得。可此后木木好像更加不想去上学了，每到早晨就拖拖拉拉不愿意起床，还说自己在学校里会感觉心慌难受，透不过气来，送去医院检查也没发现什么问题。

从班主任那里，父母了解到，木木在学校表现得很害羞，经常独来独往，很少和同学交流，即使被老师提问，回答问题的声音也很轻。走在路上总是低着头，不和周围的人打招呼，偶尔有几次眼神对上，木木也是马上移开，一副很紧张的样子。在一些需要组队配合的课堂中，木木总是很被动，经常是最后加入人数不够的小组里，有时候还需要老师给他安排进组，不然就落单了。老师也找他谈过几次，鼓励他主动联系其他伙伴，但木木总是答应得好好的，却看不到任何行动上的改变。

父母知道木木从小就比较安静，以前觉得孩子文静一点也挺好，不像其他同龄男孩那样调皮捣蛋，总给家里惹事。于是没有特别在意这方面。他们感觉木木在家时的表现还算正常，也能开开玩笑聊聊天，没想到在学校里的情况已经那么严重了。父母不禁开始担心起来：木木身上究竟发生了什么？

患有社交恐惧的青少年可能会有怎样的想法或体验

生理和心理的双重焦虑体验

一旦出现在社交情境中，孩子就容易感到恐惧、不安，担心自己表现不佳，并且身体上可能会出现焦虑相关的症状，如全身冒汗、口干舌燥、脸红、颤抖、胸闷心悸或心跳不稳定等，严重者可能会感到呼吸困难、惊恐发作，甚至过度换气、胸痛、头痛、晕厥。还有些孩子会腹痛、恶心、因反复的尿意和便意而频繁去厕所。案例中的木木在学校时就出现了心慌和胸闷，这些症状往往会随着焦虑水平的降低而消失，在事后的躯体检查中不会得到病理性的结果。

发展出缓解焦虑的回避方式

由于不想有这样的焦虑体验，孩子会寻找各种方式逃避社交活动，例如，找借口不参加集体活动、聚会，不去公共场所，在课堂中避免被提问，在学校不与同学主动交往，在生活中不走亲访友等，以尽可能地回避不必要的人际接触。当实在回避不了时，也会尽力减少互动的可能性，例如，低头玩手机，尽可能地不看他人，也不引起他人注意。这虽能暂时缓解焦虑，却使社交恐惧越来越严重。如案例中的孩子，为了减少与室友相处时的焦虑，从寄宿转为走读，但他的社交问题并未就此解决。

存在社交需求但无法得到满足

尽管在社交环境中会感到极度不适，但这些孩子大多存在和同龄人交往的需求。他们也希望自己可以更加自如地和同龄人相处，希望可以融入一些圈子，有知心朋友。可是焦虑的体验让他们只能一再回避甚至逃离社交环境，这进一步加剧了他们对自身的不认可和自责。有些孩子会认为自己太胆小、太无能，既对自己的表现感到不满，又因为交往的困难而感到难过。

知道自己存在社交困难，但无力改变

孩子也知道自己的状态存在问题，可能还尝试过一些办法，如要求自己主动参加社交或上台展示等。由于缺少人际支持，孩子尝试的很多方法可能都是在网络或书本中找到的。但在实际过程中，孩子可能会因为自身的焦虑感、尝试的效果欠佳或并未得到积极的反馈而感到泄气，进而停止尝试。另外，当焦虑发作时，他们可能还会想起过去失败的社交经验，进而觉得自己"就是不行"。这些都可能会让孩子不愿再次尝试，停留在退缩的状态中。

什么是社交恐惧

社交恐惧，顾名思义，是围绕恐惧社交呈现的心理问题。其核心特征是显著而持续地害怕在公众面前出现挫败、羞耻或尴尬，从而有意或无意地表现出逃避反应。例如，担心言行被人审视，害怕自己出丑，害怕在公共场合发言，害怕在公共场合用餐，害怕使用公共设施，等等。当该问题达到一定严重程度时，就会发展为"社交恐惧症"。

根据《精神障碍诊断与统计手册（第五版）》，社交焦虑障碍（或称社交恐惧症）的基本特征是对社交情境显著或强烈的害怕或焦虑，在这种情境下个体可能面临被他人品评。其诊断标准如下。

A. 个体由于面对可能被他人审视的一种或多种社交情况而产生显著的害怕或焦虑。例如，社交互动（对话、会见陌生人）、被观看时（吃或喝时），以及在他人面前表演（演讲）时。注：儿童的这种焦虑必须出现在与同伴交往时，而不仅仅是与成年人互动时。

B. 个体害怕自己的言行或呈现的焦虑症状会导致负性的评价（即被羞辱或尴尬；导致被拒绝或冒犯他人）。

C. 社交情况几乎总是能够促发害怕或焦虑。注：儿童的害怕或焦虑也可能表现为哭闹、发脾气、惊呆、依恋他人、畏缩或不敢在社交场合中讲话。

D. 主动回避社交情境，或者带着强烈的害怕或焦虑去忍受。

E. 这种害怕或焦虑与社交情境和社会文化环境所造成的实际威胁不相称。

F. 这种害怕、焦虑或回避通常持续至少 6 个月。

G. 这种害怕、焦虑或回避引起有临床意义的痛苦，或者导致社交、职业或其他重要功能方面的损害。

H. 这种害怕、焦虑或回避不能归因于某种物质（如滥用的毒品、药物）的生理效应或其他躯体疾病。

I. 这种害怕、焦虑或回避不能用其他精神障碍的症状来更好地解释，例如，惊恐障碍、躯体变形障碍或孤独症（自闭症）谱系障碍。

J. 如果其他躯体疾病（如帕金森病、肥胖症、烧伤或外伤造成的畸形）存在，则这种害怕、焦虑或回避是明确与其不相关的或过度的。

概括而言，社交恐惧症的主要表现包括：总是会被社交场合引发不合理且强烈的恐惧或焦虑，该焦虑往往伴随着身体的表现，会使焦虑者担心自身的焦虑被他人发现并带来负面评价，他们会试图逃避或带着痛苦忍受社交场合，这样的情况至少持续 6 个月，并且出现重要的功能损害。主要的功能损害包括三个方面。（1）社会功能损害：难以参加正常的社会活动，难以参加同学、朋友、亲戚的聚会和宴请。（2）学业损害：上课不敢发言，不敢参加一些演讲或表演活动，遇到不懂的问题不敢提问，不敢与同学、室友或老师交流。（3）生活功能损害：由于回避使用公共设施，个人的生活质量也会受到影响，例如，不敢在公共场所进餐，不敢上公共厕所，不敢搭乘公共交通工具，等等，这些都会影响生活质量。（4）人际功能损害：社交恐惧对个体最明显的影响就是人际功能损害，由于无法参加必需的社交活动，他们几乎没有朋友，无法与同学进行正常交往，难以获得这个年龄所向往的同伴支持。

以上的条目（严重程度、持续时间、影响到重要功能方面等）需要全部满足，才会被诊断为社交恐惧症。社交恐惧症目前的全球患病率为 5% ～ 10%，终生患病率为 8.4% ～ 15%。社交恐惧通常开始于儿童期或青春期，如果没有及时识别、引导或治疗，会经历比较多的挫败，可能成为失学、工作困难、重性抑郁、物质滥用和其他社会问题或精神卫生问题的原因。因此，在问题出现的早期发现并及时干预非常重要。

哪些现象可能提示存在社交恐惧，需要重视

拒绝社交或集体活动

一般家长最先观察到的是孩子不愿积极参加集体活动。当然假如只是一两次，可能有别的原因，如和朋友闹别扭或不喜欢活动安排等。但假如在多个场合都出现回避表现，如回避学校活动、走亲访友、公共场合等，则需要考虑社交恐惧的可能性。

与社交活动相关的紧张状态

在社交活动中表现被动、退缩，不愿参与互动，不愿表达。在不得不表达时，经常表现得很紧张，如结巴、手抖等，并且由于这些表现而感到羞愧，会尽可能快速且简短地结束发言。

社交前过度担忧，社交后后悔自责

孩子可能会在参与一些活动之前（甚至几周前）就表现得过度担忧、紧张，他们日夜都在担心这个即将到来的活动，害怕自己不能像其他人那样顺利进行社交。这种持续性的紧张会影响睡眠、学习、情绪、健康等多个方面。而焦虑往往又会影响他们的发挥，他们可能会因为慌张而无法轻松地表达自己的想法，事后又不断回想自己的表达合不合适，或者因为自认为没有发挥好而感到后悔或自责。

为什么会出现社交恐惧

关于社交恐惧的相关研究在 20 世纪 60 年代就已经开展，直到 1980 年《精神障碍诊断与统计手册（第三版）》面世，社交恐惧症才被正式定为精神科的专用术语。随着认知深入，该术语被调整为社交焦虑障碍，归属于焦虑障碍这一大类。这种特殊的焦虑障碍的发生、发展与生物和遗传因素及成长环境、早年经历等多重因素相关。

生物和遗传因素

从生物和遗传的角度而言，社交恐惧可能与遗传基因、自主神经系统、下丘脑－垂体轴功能、脑回路等有关。在此重点介绍一个脑区（杏仁核）和一组应激反应（战斗－逃跑），以帮助我们更好地了解社交恐惧过程中身体究竟发生了什么。我们的大脑中有一个叫杏仁核的区域，它负责监测环境中是否存在威胁。如果判断存在危险，它所发送的危险信号会促使压力激素（肾上腺素等）大量释放，这些激素会引发我们身体的一系列反应，让我们进入一个类似拳击手的状态，出现包括肌肉紧绷、心跳加速、呼吸变快等身体反应，这便是"战斗状态"。但当我们判定所面对的危险过大，无法取胜时，我们的身体又会采取另一种策略——"逃跑反应"，也就是我们在社交恐惧者身上看到的回避行为。既然身体的反应是受到激素的调控，那么可想而知，当激素不再持续分泌时，我们的身体会回到一种相对松弛的状态。在普通人身上，当我们遇到一个环境刺激，如迎面有一辆车高速驶来，我们会感到吓一跳，但当车驶过后，我们确认没有危险，自然就放松下来。但在社交恐惧者的脑中，社交情境就像是自己站在高速公路中间，一直有车来来往往，于是他们持续性地处在紧张的状态中。

成长环境和早年经历

为什么社交恐惧者会把普通的社交环境体验成如此危险呢？除遗传因素，成长环境和早年经历是重要影响因素。有研究者认为，社交焦虑是在童年时期作为一种条件适应而发展起来的，当童年环境充斥着社会威胁的可能性时（例如，早年养育者脾气非常暴躁，动辄指责、打骂或威胁抛弃孩子），个体预测未来的环境中很可能依然会有社会威胁，于是大脑就产生了这样一种习惯性的反应模式。假如孩子生来气质内向腼腆，在成长过程中也缺少家长和老师对其进行社交技能的教育或引导，错过了一些和同龄人在人际互动中积累经验的机会，孩子可能会因此感到自卑、不敢主动社交。此外，如果在儿童期还在社交活动中受到虐待、取笑、过度批评，并且遇到此类挫折后又缺乏来自家人的支持、理解和鼓励，孩子就更容易对自己在社交情境中的胜任力产生怀疑，从而累积更多的不安全感。此外还有一类情况是，家人为了帮孩子解决问题，采取了一些比较激进的方式，如逼孩子去"练胆量"，这也可能会带来焦虑水平的急剧上升，孩子可能会出现更加退缩的反应。

认知行为层面

从认知行为的层面来看，以上的一些挫折性事件会让孩子形成关于自身社交能力、他人对自己的看法及这些看法的灾难性后果的负性认知。概括而言，主要的负性认知包括：我是个不受欢迎的人；大家都不喜欢我；我的表现很糟，会让人更不喜欢我。例如，周围人正在相互交谈，然后其中有一个人瞟了他一眼，他就可能会怀疑他人是在偷偷地议论或嘲笑自己，会对此非常在意，在心里反复揣摩，但同时不敢向他人求证，只是变得更加不敢和对方接触，认为自己"不招人喜欢""被嫌弃了"。有时候在对话中，他人回应了一句相对客观中立的话，他们也容易感到被批评或被误解，但为了回避想象中的冲突，他们又不会进一步解释，更多地让这种委屈和生气在心中发酵。长此以往，这种思维模式就会在内心固化，难以因为偶尔的例外事件（如某次还算顺利的交流）轻易改变。

假如孩子存在社交恐惧，应该怎么办

假如孩子存在以上问题，家长可以尝试与孩子一起梳理问题发生、发展的脉络，寻找社交恐惧的触发场景。假如孩子只是在某些特定的场合出现紧张焦虑（如当众演讲或课堂发言），那么可以告诉孩子这种紧张状态是很正常的，并教孩子在发言前尝试一些呼吸放松的调整方式，在发言时可以想象自己是在面对家人进行表达。另外，也可以鼓励孩子去寻找比较友善的老师、同学作为接触对象，在发言时看着他们的脸以获得心理支持。

假如孩子回避的社交场合很多，并且持续时间较长，可以考虑先寻找专业人员（如精神科医生）进行评估。因为有些心理障碍也可能会令人出现类似社交恐惧的表现。例如，孤独症（自闭症）谱系障碍的孩子会出现不愿社交、不合群，与同龄孩子相比理解和沟通更加困难的情况；注意缺陷多动障碍的孩子可能也会经常拒绝在正式的社交场合发言或上台演讲；抑郁障碍的青少年会对社交活动失去兴趣，或者在抑郁发作时出现社交焦虑（如上一章提及的抑郁、焦虑情况）；有惊恐障碍或强迫症的孩子会担忧自己的惊恐发作或强迫行为被他人发现而导致尴尬。

如果被确诊为社交恐惧症，目前有效的治疗方法主要是药物治疗和心理治疗。一般而言，假如没有严重的抑郁或焦虑情况，心理治疗是更重要的一环。常用的心理治疗方式包括认知行为治疗（主要包括暴露疗法、认知重建、放松训练、社交技能训练），动力性心理治疗，以及基于正念的治疗方式（如基于正念的认知治疗，基于正念的新情绪平衡治疗）。

在此主要介绍认知行为治疗的内容。

1. 暴露疗法。暴露疗法即鼓励孩子主动接触引发其恐惧的刺激，直到他的焦虑明显减少。例如，治疗师会评估孩子不同焦虑水平对应的社交场景，选取会让他感到焦虑但程度不至于难以承受的场景进行尝试，通过循序渐进的过程使孩子的害怕程度降低。

2. 认知重建。由于社交恐惧者存在固化的负性思维模式，治疗师会介绍一些常见的不合理信念，与孩子一起讨论自己在焦虑发生前、发生中、发生后的想法，以及这些想法是否合理，分别属于哪种不合理的信念，并尝试用合理的想法替代不合理的想法。

3. 放松训练。这是一种可以在各种场合使用的技巧。在正式练习中，治疗师会建议孩子找一个舒适的坐姿，用放松的方式舒展全身肌肉，同时辅以深呼吸训练。待孩子对该方式使用熟练后，在日常生活中就可以灵活采取深呼吸或局部肌肉放松的方式缓解焦虑感了。

4. 社交技能训练。该训练主要采用模仿、角色扮演、纠正反馈和指定练习等方式，教授孩子基本的社交技巧，减轻他们在一般社交场合的轻度焦虑。例如，孩子担心未来的某个社交事件，治疗师就会扮演孩子想象中互动的对象，通过预演的方式帮助他们进行准备，也可以针对互动中的卡点进行探讨。

通过每周一至两次的咨询，治疗师和孩子共同探讨令其恐惧、回避的情境，并结合以上多种方式进行实践，以改善孩子对社交情境的适应情况。

小结

社交恐惧的核心特征是显著而持续地害怕在公众面前出现挫败、羞耻或尴尬，从而有意或无意地表现出逃避反应。不断回避重要的社交情境会影响青少年与同龄人的交往，造成他们学业及生活质量等多方面的损害。导致社交恐惧的因素主要包括生物和遗传以及成长环境和早年经历。假如孩子存在社交恐惧的情况，家长可以帮助孩子尝试进行调整。对于一些情况相对严重的孩子，建议在专业人士评估之后，采用以心理治疗为主的方式进行干预。

第十七章

游戏成瘾

☑ **案例 17-1**

"爸，我回来了。"

王晓（化名）抬眼看了看儿子，见他又是一副匆匆忙忙的样子，心里一阵烦躁。"你又急着去打游戏呢？"

"嗯，他们喊我上线呢。"儿子急匆匆地进了房间，锁上了门。房间里传来电脑开机的声音。

"这小子今天估计又要熬夜了。"王晓心想。

原本想到自己当年也和小伙伴一起去游戏厅打游戏，成年后也有在网吧彻夜游戏，王晓觉得男孩子天性如此，玩玩游戏没什么大不了的，甚至还想着父子俩能一起打游戏培养感情。加之王晓本就不善言辞，儿子也性格内向，尤其是和妻子离异后，父子俩的交流更少了。也许是心里对儿子有些歉意，王晓也不想太多干涉，觉得学习成绩过得去就行。

可王晓万万没想到，现在的游戏那么厉害，尤其是近年的一些网络游戏，孩子简直玩疯了。有些游戏手机上也可操作，一局十几分钟，正好茶余饭后用来消遣。这下可好，只要一闲下来，孩子必定捧着手机或开着电脑打游戏。周末也不愿出门，好像也很久没和其他孩子一起玩了。

这么长时间地投入游戏，王晓觉得不太对劲，就算不在乎学习，视力也会受影响呀。他开始和儿子限定玩游戏的时间。儿子勉强同意了。刚开始几天还能按照约定，做完作业后玩半小时。渐渐地，王晓发现不对劲，儿子白天总是显得无精打采的样子，居然是半夜偷偷开电脑打游戏。没想到儿子已经如此痴迷游戏，更没想到一向乖巧听话的儿子居然开始欺骗自己，王晓当时就没控制住情绪，没收了儿子的电子设备，规定每天非必要不许使用。儿子看上去很是恼怒，发了一通脾气，又哭着苦苦哀求，王晓不予理睬，心想这小子是该好好管管了。

王晓没想到儿子居然因此不愿意去上学了。一开始只是声称头疼不舒服，赖着不愿去学校，后来就直接说上学没意思，不想去。不论王晓怎么软硬兼施，儿子都不为所动，只是说："让我去上学可以，但你不能干涉我打游戏。"王晓知道这八成和电脑游戏有关，恨得牙痒痒，可在孩子不愿上学面前，只能让步。

　　如今王晓又急又怕，感觉无力管教儿子，又担心儿子这样下去自毁前程。

　　那么，王晓的儿子究竟怎么了？在他沉迷游戏的背后，有着怎样的想法或体验呢？

游戏成瘾的孩子可能会有怎样的想法或体验

游戏是重要的愉悦感来源

　　孩子喜欢甚至沉迷游戏，往往是因为他们习惯于将打游戏作为放松的方式。尽管游戏设置了重重阻碍和规则，但实际是通过设置一种恰到好处的困难让玩家在较短的时间内体验到成就感。因此，在游戏世界中一次任务的完成或一场战斗的胜利都能给他们带来愉悦和放松的感觉。当然，暂时的失败也会激发挑战的斗志，以及带来在多次挑战后终于成功的畅快感。游戏中酷炫的画面和音效也能刺激视觉和听觉，让大脑和身体都处于一种相对亢奋的状态。相对而言不易沉迷游戏的孩子则往往都有游戏外的其他娱乐方式，如阅读、听音乐、户外运动等，他们可以在这类娱乐中找到乐趣，甚至可以通过这些业余爱好收获同伴、成就感和鼓励。但沉迷游戏的孩子往往缺乏其他兴趣爱好，并且由于游戏的成本较低，操作简单，一个人也可以玩，更容易被这些孩子作为重要的愉悦感的来源。

无法合理安排游戏的时间，明明想停止游戏，但是停不下来

孩子可能已经注意到有时玩得太晚了，知道睡太迟第二天会很疲惫，也想做一个合理的规划。可这种计划总是无法顺利执行。往往是承诺只玩 1 小时，结果到了第 59 分钟的时候，孩子仍然沉浸在游戏里，感觉到内心的不舍，然后和自己说"再玩几分钟吧""再玩一局吧"，同时内心也在焦虑，"明明计划好的""这样下去明天又要犯困了"……可他们就是这样，一边焦虑、一边玩，一边玩、一边焦虑，怎么也停不下来。直到深夜整个人筋疲力尽，脑子实在转不动了，才上床睡觉。接着又是萎靡不振且自责的一天。孩子可能会告诉自己要早点休息，不能玩那么晚了，但这种自责和后悔可能会加重不开心的情绪，接着为了让自己开心一点，孩子可能又会开始游戏，进入一个恶性循环。

游戏和现实世界存在很大的落差

在现实世界中，孩子经常需要面对诸多压力和挑战，如学习、人际交往、青春期生理变化等，并且往往付出较多努力后进步仍然

有限。与之截然不同的是，在游戏世界里，少量的投入即可换来显著的"收益"和"回报"，只要不断点击按键即可看到酷炫的效果和数值的改变。游戏中的即时反馈和"收益"的线性增长会带来一种力量感，这和现实的平淡乏味甚至屡战屡败所带来的无力感形成了鲜明的对比。往往在现实中经常受到挫折的孩子可能会更沉浸于游戏的世界难以自拔。例如，在我们讲到的案例 17-1 中，儿子生活在单亲家庭，平时缺少母亲的陪伴和关心，而父亲也忙于工作，这些现实层面的落差更容易使孩子通过沉迷游戏来获得"补偿"，因为与缺少回应的现实相比，游戏中频繁出现的"你真棒""做得好"等提示音是孩子内心中渴望而不可得的。毕竟在游戏中有"架空宏伟"的世界，自己可成为"一呼百应的英雄"，和伙伴并肩作战，取得过不错的战绩，但在现实中，却常常孤身一人，不被周围人认可。这种反差会让孩子更加不愿面对真实的世界，从而想更久地停留在游戏世界的幻影中。

什么是游戏成瘾

说到童年，你会想到什么？

学校、老宅、故乡、同学、发小、亲人……有一件事贯穿这些场景和人物，也是大部分人童年中重要的元素，那就是游戏。

　　我们每一个人都是天生的游戏玩家。当我们还是个小婴儿，开始和他人互动时，游戏就出现了。我们和小伙伴一起摆弄玩具、搭积木、过家家。稍长大些，我们学会了更复杂、更具有竞争性的游戏规则，我们会和其他小朋友一起玩捉迷藏、木头人，一起打牌、下棋。有了电子产品后，我们有了更丰富的游戏选择。在我们的娱乐生活更为丰富的同时，这些精美复杂的游戏让人欲罢不能。玩游戏是儿童和成年人都需要的一项活动，那么，玩到什么程度算是游戏成瘾？

　　目前，学术界对游戏成瘾究竟是不是一种精神疾病还存在一些争议。《精神障碍诊断与统计手册（第五版）》将"网络游戏成瘾"列为"有待更多研究的情形"。

　　2018 年 6 月，世界卫生组织在第十一版《国际疾病分类》（ICD-11）中将"游戏成瘾"正式列为精神疾病之一（编码6C51）。

　　根据《ICD-11 精神、行为与神经发育障碍临床描述与诊断指南》，游戏成瘾被命名为"游戏障碍"，核心特征有三条。

　　1. 表现为持续性的游戏（电子游戏）行为模式，以线上（例如互联网或其他类似网络）或线下为主，具体表现为以下所有特征：

　　①对游戏行为的控制力受损（如起始、频率、强度、持

续时间、终止、行为情境）。

②逐渐将游戏置于首位，以至于游戏优先于其他兴趣爱好和日常行为。

③尽管出现诸多负性结果（例如游戏行为所致的家庭冲突、学业表现较差和对健康的不良影响），游戏行为仍持续甚至加重。

2. 游戏行为模式可呈现连续性或周期性，可反复出现，但是总体上持续较长时间（如 12 个月以上）。

3. 游戏行为模式导致了显著痛苦或个人、家庭、社会、教育、职业等方面的功能损害。

如何理解以上诊断条目？简言之，就是存在持续或反复的游戏行为，并需要同时满足以下四点。

1. 失控性游戏行为。无法理性规划游戏安排，经常破坏原本的计划，也会有失控的主观体验。例如，本来说只玩一种游戏，结果玩了四五种，或者本来说只玩一个小时，结果玩了一个通宵，而且这种情况经常发生。

2. 游戏行为成为生活优先事项。在生活中，玩游戏成了最重要的事情，忽略其他兴趣和日常活动。例如，学生为了玩游戏逃学、逃课，从早玩到晚，甚至因此而休学，沉浸在游戏世界中，不注意个人仪表，减少现实生活中的人际交往。

3.导致个人、家庭、社会、学业、职业或其他重要功能领域的重大损害。对青少年而言，长时间玩游戏可能造成的严重后果有多方面。在身体方面，长期用眼疲劳可能导致视力下降，饮食不规律可造成胃炎、营养不良等问题，作息不规律可导致睡眠障碍。在心理方面，长时间玩游戏可能使人存在情绪不稳定、容易发脾气等症状，继而影响学习及与朋友、家人的关系。

4.尽管游戏造成负面后果，仍然无法停止。无法因为已经产生的负面后果（如学业中断、社交问题等）而停止游戏行为。负面后果会持续存在，甚至加重，个体可能会切断社交、完全不出门见人、整天蓬头垢面等。

符合以上四条标准后，还需要判断持续时间，通常需持续至少12个月的时间才能被诊断为游戏障碍。如果症状严重，所需的持续时间可以缩短。

由此可见，临床中游戏障碍的诊断还是比较严格的。案例17-1中的孩子由于问题产生不久，也没有造成重要功能领域的重大损害，所以并未达到游戏障碍的诊断标准。可是沉迷游戏确实是个让家长为难的问题，何况确实存在发展为游戏障碍的风险，到了那时要干预起来就更加麻烦了。所以当发现游戏已经占据孩子大量精力时，及时地正确引导十分必要。在学会引导之前，我们需要先了解为什么孩子会沉迷游戏。

为什么有些孩子容易出现游戏成瘾

　　网络和电子设备的使用已经进入了大部分人的日常生活，尤其是在互联网时代，网络平台已成为人际间主要的交流渠道，网络游戏的渗透难以避免。与此同时，青春期孩子的大脑正在经历巨大的变化。一方面，他们已经形成了较完整的抽象和象征思维能力，可以理解相对复杂的现实设定和游戏规则，对网络游戏世界怀有强烈的好奇心，也能通过游戏竞技获得满足感；另一方面，负责冲动控制的额叶及边缘系统仍未发育完善，这使他们在精力充沛、追求刺激的同时，又难以进行合理的规划，理性地控制行为、管理时间。但我们可以看到，同样面对网络游戏的诱惑，有些孩子容易沉迷，有些孩子则不会。是什么差异造成了不同的结果？

生理层面：多巴胺系统——大脑的欲望和奖赏回路

　　我们体内有一种被科学家称为"快乐分子"的物质，叫多巴胺。顾名思义，它可以让人产生快乐的感觉。与此同时，大脑中有一些结构负责产生多巴胺，这些结构之间形成了两条主要通路，一条名为"多巴胺欲望回路"，另一条则被称为"多巴胺奖赏回路"。所有我们沉迷其中的物品或行为都是通过刺激以上通路的结构，从而促进多巴胺的产生，最终使我们体会到愉悦感。在游戏设计过程中，为了吸引玩家，其中加入了更多容易触发多巴胺释放的功能，例如，在能力范围内的挑战，新奇丰厚的奖励，只要努力就能不断进步的"光明未来"，玩家在这些刺激的推动下，会不断追求"更高更强"。研究发现，有一些基因与对多巴胺的敏感性有关，具有相关基因的人，多巴胺系统比较活跃，可能更容易产生成瘾及其他精神疾病，但该基因也与创造力、冒险精神有关。所以有一些孩子天生比另一些孩子更容易被游戏所吸引。

心理层面：游戏作为现实中缺憾的"补偿"

在前文中可以看到，现实和游戏世界的落差是孩子不愿意从游戏世界中离开的重要原因。往往现实中困难越多，落差越大，减少游戏使用的阻力就越强。在自我身份探索的过程中，游戏提供了一个相对广阔的虚拟空间。孩子可在其中进行不同的尝试，不像现实中犯错了要承担后果，不仅自己会感到无力且挫败，还可能会被父母老师责备。游戏中的角色死了还可以复活，并且人们通过成就的达成可以得到源源不断的鼓励和认可。游戏鼓励攻击性的释放，孩子若在家里和学校难以表达反抗和叛逆，则可能会将这部分愤怒和对抗在游戏中进行宣泄。孩子渴望归属感，若在现实中感到难以融入同伴群体，则很可能转而与游戏中的队友形成相对紧密的关系，毕竟游戏中的交友规则相对简单，大家基于对某款游戏的共同爱好聚在一起，并且有着相同的目标，在组队竞技的过程中互相配合，围绕着游戏人物技能进行热烈讨论，这种"友情"一旦产生，往往会带给人很强的联结和归属感。因此，压抑、不予认可的环境，人际交往的困难等，都可能会使孩子更容易在游戏世界中寻求补偿。

假如孩子存在游戏成瘾，应该怎么办

减少过度的焦虑和指责

首先，我们需要认识到，对出生在信息时代的孩子而言，电子产品和互联网是生活中不可或缺的重要存在，他们从小就习惯于这样的环境，也就更容易沉浸在网络游戏的场景中。他们在这方面的体验与父母这代人存在着代沟。这种经验上的不同可能会给父母带来一些理解上的困难，让一些父母把孩子普通的游戏娱乐视作洪水猛兽。

即便孩子出现了过度游戏的情况，父母也不必过度焦虑，更不必指责孩子。因为随着焦虑的升级，父母往往容易说出比较极端的评价和要求。例如，"你再这样下去大学也考不上了""不要和这种朋友一起玩"这类话只会让孩子反感。孩子可能会感到自己的问题不但没得到解决，还要承担家长的焦虑情绪。另外，很多孩子其实很在意父母的看法（即使有时候他们嘴上会否认和反抗），从而会产生自责和内疚，并会因为自己无法控制而更加焦虑，在压力下可能会进一步延长游戏时间，最终认定自己就是不求上进，决定躺平摆烂。

为了避免陷入"父母指责－孩子反抗－亲子关系破坏"的恶性循环，当意识到问题时，家长先不要太慌张，可以抽时间和孩子好好沟通一下，协助孩子做出调整，或者去正规心理机构或医疗机构寻求专业人员的帮助。

满足孩子在现实中的合理需求

前文中我们提到，很多孩子是在用游戏的方式满足一些在现实中无法得到满足的需求。所以在和孩子沟通的过程中，可以留意一下孩子的现实生活中可能存在哪些问题，其中哪些是可以被解决的。例如，孩子是否希望得到更多的关注和认可？孩子是否在学校里遇到了一些困难？孩子是否加入了一些团体，受到了伙伴的影响？孩子是否除了网络游戏，没有其他的娱乐放松方式？我们可以进一步思考，网络游戏是如何满足了孩子的这些需求，以及假如我们要减少网络游戏的比重，我们要用什么东西去替代网络游戏，帮助孩子达到一个新的平衡。

其中一种减少网络使用的有效方式就是经常带孩子做一些他们喜欢的线下活动。例如，找到一种孩子喜欢的运动，养一只需要孩子照料的小动物，周末带孩子去公园接触自然风景，或者去电影院看电影、去餐厅吃顿饭、在户外拍照或写生。这些活动都有助于增加孩子与现实世界的接触及对现实世界的兴趣。

合理使用游戏，管理游戏时间

学习和游戏是孩子成长过程中的重要活动，假如能进行恰当的配比，甚至还能通过游戏来激发孩子学习和成长的动力。例如，通过孩子对游戏故事的兴趣，引导其了解该设定相关的历史、地理背景；将游戏的操作语言改成英文，锻炼其英语的听说能力；与孩子讨论在组队游戏中与同伴的互动，提升其人际沟通能力和对关系进行反思的能力。游戏作为个体与现实世界之间的过渡性空间，若能合理使用，也可以成为孩子改善情绪的良药，以及进入现实世界前的训练场。

因此，我们建议家长不必把游戏和学习对立起来，也不必对游戏抱有敌意和禁止的态度。我们的目标不是"戒除"网络游戏，而是适当游戏，不是"排除"网络世界，而是"平衡"网络与现实世界。

那么该如何帮助孩子管理游戏时间呢？答案还是需要在与孩子的沟通中去寻找。当我们后退一步，不是强硬地禁止孩子游戏，而是开放地想去了解孩子为何沉迷游戏，以及孩子如何难以停止游戏时，大部分孩子都会愿意和我们聊聊。家长可以告诉孩子打游戏忘记时间是正常的，也正是因此，他们需要一些外界的帮助，提醒自己及时停下来。这些提醒方式包括从设定闹钟、与游戏伙伴共同约定游戏时间等相对自主管理的方式，到由家长监督、提醒或帮忙保管游戏设备等限制性更强的方式，不一而足。在讨论过程中，家长可邀请孩子一起头脑风暴，选择他们更能接受且能执行的方法。在执行过程中，也要保持一定的灵活性，根据实际执行情况进行调整。

另外，需要注意的是，此处说到的方法未必适合存在行为控制相关问题的孩子，比如患有注意缺陷多动障碍的孩子，这一类孩子需要一些特殊的沟通方式甚至药物的辅助，建议寻求专业人员的帮助。

小结

游戏成瘾是一种会影响青少年多方面功能领域的严重问题，很多孩子玩游戏的程度其实并未达到该诊断标准。但由于沉迷游戏本身对学业和人际关系存在不良影响，因而及时的干预是必要的。由于目前电子设备的使用不可避免，游戏也可作为偶尔调节情绪的快乐之源，完全禁止孩子玩游戏未必可行。对孩子玩游戏的需求可给予适当的认可，同时对游戏行为加以引导和管理。注意孩子是否通过玩游戏回避现实中的困难。假如问题较为复杂，家长可去正规心理或医疗机构寻求专业人员的帮助。

参考文献

[1] 弗朗西斯·詹森，艾米·艾利斯·纳特.青春期的烦"脑"[M].王佳艺，译.北京：北京联合出版公司，2017.

[2] 芭芭拉·纳特森-霍洛维茨，凯瑟琳·鲍尔斯.比青春期更关键[M].苏彦捷，译.北京：中国纺织出版社，2021.

[3] 蕾切尔·西蒙斯.女孩们的地下战争：揭秘人际交往中的隐性攻击[M].徐阳，译.海口：海南出版社，2021.

[4] Roberta Gilbert. Bowen 家庭系统理论之八大概念：一种思考个人与团体的新方式[M].江文贤等，译.台北：秀威资讯，2012.

[5] 芙玛·华许.家族再生：逆境中的家庭韧力与疗愈[M].江丽美，李淑珺，陈厚恺，译.台北：心灵工坊，2008.

[6] 詹姆斯·洛克，丹尼尔·勒格兰奇.帮助孩子战胜进食障碍[M].陈珏，蒋文晖，王兰兰，彭毅华，译.上海科学技术出版社，2019.

[7] 黛博拉·赛飞，萨拉·阿德勒，菲利普·马森.告别情绪性进食的 DBT方法[M].陈珏，朱卓影，译.上海：上海科学技术出版社，2019.

[8] 克里斯托弗·费尔本.战胜暴食的 CBT-E 方法[M].陈珏，李雪霓，孔庆梅，乔慧芬，译.上海：上海科学技术出版社，2021.

[9] 亚当·奥尔特.欲罢不能：刷屏时代如何摆脱行为上瘾[M].闾佳，译.北京：机械工业出版社，2018.

[10] 丹尼尔·利伯曼，迈克尔·E. 朗. 贪婪的多巴胺 [M]. 郑李垚，译. 北京：中信出版社，2021.

[11] 沈家宏. 根本停不下来：用心理学戒瘾，做一个自律的人 [M]. 北京：人民邮电出版社，2020.

[12] 美国精神医学学会. 精神障碍诊断与统计手册（第五版）[M]. 张道龙，译. 北京：北京大学出版社，2015.

[13] 世界卫生组织 .ICD-11 精神、行为与神经发育障碍临床描述与诊断指南 [M]. 王振，黄晶晶，译. 北京：人民卫生出版社，2023.

[14] 郝伟，陆林. 精神病学 [M]. 北京：人民卫生出版社，2018.

[15] Gillian Butler, Tony Hope. Managing Your Mind: The Mental Fitness Guide[M]. Oxford, UK: Oxford University Press, 2007.

[16] Beesdo K, Knappe S, Pine DS. Anxiety and Anxiety Disorders in Children and Adolescents: Developmental Issues and Implications for DSM-V [J]. Psychiatric Clinics of North America, 2009: 483-524.

[17] 刘亮. 父母做这 9 件事，孩子从厌学变爱学 [M]. 北京：中国妇女出版社，2020.